KARIN SEETHALER

Die Kraft der Kontemplation

In der Stille Heilung finden

KARIN SEETHALER

Die Kraft der Kontemplation

In der Stille Heilung finden

Mit einem Vorwort von Franz Jalics

echter

Bibliografische Information der Deutschen Nationalbibliothek:
Die Deutsche Nationalbibliothek verzeichnet diese Publikation in der Deutschen Nationalbibliografie; detaillierte bibliografische Daten sind im Internet über http://dnb.d-nb.de abrufbar.

Gedruckt auf umweltfreundlichem, chlorfrei gebleichtem Papier.

6. Auflage 2026

Echter Verlag | Dominikanerplatz 8 | 97070 Würzburg
Tel. 0931 66068-0 | info@echter-verlag.de | www.echter.de

Umschlag: Peter Hellmund (Foto: plainpicture)
Satz: Hain-Team (www.hain-team.de)
Druck: Nørhaven A/S
Printed in Denmark.

ISBN
978-3-429-03638-6 (Print)
978-3-429-04730-6 (PDF)
978-3-429-06144-9 (ePub)

Inhalt

Vorwort

Heute wird das Leben immer schneller und wir leben immer hektischer. Die Kirche steht vor der Aufgabe, die Menschen in ihrer Sehnsucht ernst zu nehmen und heilsame Wege aufzuzeigen, wie sie in der Zerrissenheit der äußeren Welt zu sich selbst und zu ihrem Schöpfer finden können.

Der kontemplative Weg kann uns immer wieder zu unserer Mitte führen, wo Einfachheit wohnt, wo Friede herrscht und die Liebe entspringt. Er ist ein Verwandlungsweg, der den Menschen zu seiner eigenen Tiefe führt. Es geht um die Begegnung mit sich selbst und die Begegnung mit dem Geheimnis, dass Gott den Menschen liebt, so wie er ist.

Karin Seethaler beschreibt diesen schlichten Weg der Kontemplation in einer leicht verständlichen Sprache. Die Missverständnisse, die auftreten können, werden beleuchtet und die segensreichen Auswirkungen veranschaulicht. Sie führt sehr passend viele Weisheiten von großen Menschen der Weltliteratur an. Es ist ein empfehlenswertes Buch für Menschen, die den kontemplativen Weg gehen, und für jene, die auf der Suche sind.

Franz Jalics

Annäherung an das Thema

Uns traf mehr als ein gewöhnlicher Verlust: „Wir verloren unseren Weg."
(T. S. Eliot)

Dieser Satz berührt mich auf eigentümliche Weise. Wahrscheinlich weil er meine Erfahrung auf der Suche nach dem richtigen Weg so schlicht und doch so treffend zum Ausdruck bringt. Mit dem Verlust des Weges meine ich hier keinen äußeren, sichtbaren Weg, sondern vielmehr den inneren Weg. Viele Jahre ging ich mit einer inneren Orientierungslosigkeit durchs Leben, auch wenn äußerlich alles in Ordnung zu sein schien. Trotz meiner Bemühungen, im Glauben Halt zu finden, war ich von einer inneren Unrast getrieben. Widersprüchliche und schwankende Gefühle machten mir zu schaffen. Es fehlte mir der innere Kompass, der mir zu zeigen vermochte, wie ich den Schwierigkeiten des Lebens begegnen könnte. Mein guter Wille sowie meine guten Vorsätze, christlich zu leben, wurden durch Konflikte und Schwierigkeiten am Arbeitsplatz, in der Familie oder im Freundeskreis schnell erschüttert und brachten den Boden unter meinen Füßen immer wieder ins Wanken. Da ich davon ausging, dass religiöse Gefühle der Gradmesser eines lebendigen Glaubens seien, überkamen mich Glaubenszweifel und eine gewisse Resignation, als mich z. B. religiöse Texte nicht mehr wirklich berührten. Ich schlitterte in eine Glaubenskrise.

Die Wende kam mit meinen ersten kontemplativen Exerzitien. Hier lernte ich die christliche Meditation kennen, die mich durch ihre Einfachheit und Unmittelbarkeit faszinierte. Ganz herzlich möchte ich an dieser Stelle Pater Franz Jalics SJ dafür danken, dass er mir diesen inneren Weg gezeigt und mich auf ihm begleitet hat. Inzwischen sind mehr als 25 Jahre vergangen und seit vielen Jahren begleite ich nun selbst Menschen auf dem kontemplativen Weg. Es gibt meinem Leben einen tiefen Sinn, die Gebetsweise, die mir im eigenen Leben Halt und Orientierung ist, weiterzugeben und dabei immer wieder neu zu erfahren, wie Gott in der Stille heilend wirkt.

Viele Menschen sind heute auf der Suche nach spirituellen Erfahrungen. Jedoch sind es nicht mehr Traditionen und Belehrungen, die die Menschen an eine Religion binden, sondern persönliche Erfahrungen, die überzeugen. Der große Theologe Karl Rahner gab folgende Prognose für die Christen ab: „Der Fromme von morgen wird ein Mystiker sein, einer, der etwas erfahren hat, oder er wird nicht mehr sein." Um Erfahrungen machen zu können, die überzeugen, braucht es eine Orientierung – das Aufzeigen eines konkreten Weges, der heute im Alltag der Menschen zeitgemäß gelebt werden kann. Kirchennahe wie Kirchenferne suchen diese Anleitungen oft in den östlichen Religionen. Der Schatz der kontemplativen Tradition des Christentums bleibt hingegen oft unerkannt. Mit diesem Buch möchte ich ihn und seine in ihm liegende heilende Kraft ans Licht heben.

In meinen Ausführungen werde ich zunächst auf Begrifflichkeiten eingehen, die Ursprünge der christlichen Meditationsweise aufzeigen und schließlich auf die konkrete Meditationspraxis eingehen. Unser Lebensgefühl ist heute oftmals von der Tendenz geprägt, möglichst schnell und zügig voranzukommen. In den Meditationskursen mache ich die Erfahrung, dass sich dieses Bestreben auch in der Meditation zeigt. Hier kann und muss der Mensch jedoch nichts beschleunigen. Im Gegenteil, überspringt man hier kleine, aber wesentliche Schritte, um möglichst schnell zum „Eigentlichen“ zu kommen, gerät der meditative Weg ins Stocken. Es ist mir deshalb ein Anliegen, in kleinen konkreten Schritten zu beschreiben, wie man in die Grundhaltungen der Kontemplation hineinfinden kann. Mit diesen eingenommenen Haltungen öffnet sich der Mensch für die Kraft der Kontemplation. Die heilenden Auswirkungen beschreibe ich abschließend zu jedem Kapitel. Die Grundhaltungen sind jedoch nicht isoliert voneinander zu sehen. Sie bauen aufeinander auf, greifen ineinander über und ergänzen sich.

In der Begleitung vieler Menschen bin ich aber auch hellhörig für verdeckte Schwierigkeiten geworden, die die Kraft der Meditation blockieren können. Was in der Stille geschieht und wie sich der Mensch innerlich während der Meditation verhält, ist äußerlich nicht ersichtlich. Die Gefahr ist gegeben, dass man sich während der Meditation im Gestrüpp von Gedanken, Vorstellungen und inneren Bildern verliert und dass man letztlich nur um sich selbst kreist. Die beschriebenen Missverständnisse mögen dazu beitragen, diese Stolpersteine auf dem meditativen Weg zu erkennen, sie zu umgehen und so zu einer klaren Orientierung zu finden. Abschließend gebe ich Hinweise, was für die kontemplative Lebensweise stärkend wirkt.

I. Grundlagen

1. Begrifflichkeiten

1.1 Kontemplation

Kontemplation ist ja nichts anderes als ein geheimes, friedliches und liebendes Einströmen Gottes.
(Johannes vom Kreuz)

Kontemplation ist die Bezeichnung für den christlich-mystischen Weg. Unter Mystik ist die angestrebte Vereinigung mit dem göttlichen Sein („unio mystica") gemeint, die sich auf diesem Weg nicht über verstandesmäßige Erkenntnisse, sondern über innere Erfahrungen und das unmittelbare Erleben erschließt. Kontemplation wird als ein Geschenk Gottes betrachtet, über das der Mensch weder bestimmen noch verfügen kann. In einer Haltung des Geschehen-Lassens und des Auf-sich-wirken-Lassens nimmt er auf, was ist, und lässt dabei Wille, Verstand und Gefühl zur Ruhe kommen. Viele schließen daraus, dass die Kontemplation etwas Passives sei. Tatsächlich nimmt man aber keine passive, sondern eine aufnahmebereite Haltung ein, bei der man hellwach, mit lebendigem Interesse und ununterbrochen dabeibleibt und aufnimmt, was im Hier und Jetzt geschieht.[1] Die achtsame, Gott zugewandte, versöhnungs- und leidensbereite Haltung ebnet den Weg der Kontemplation.

Das aus dem Lateinischen stammende Wort „Kontemplation" setzt sich aus den Silben „con" (mit, zusammen) und „templum" (ein umgrenzter heiliger Bezirk) zusammen. In der Kontemplation geht es darum, selbst zu diesem heiligen Bezirk, zur Wohnung Gottes, zu werden. Die Existenz dieses heiligen Bezirks wird von vielen Heiligen bezeugt und mit unterschiedlichen Begriffen benannt. So spricht Paulus vom „Geist Gottes, der in uns wohnt" (1 Kor 3,16), Teresa von Avila von der „Seelenburg", Meister Eckhart vom „Seelenfunken". Auf diesen Seelenfunken, auf den Geist Gottes, der im Menschen wohnt, richtet sich der Meditierende aus.

Die Bezeichnungen für die kontemplative Gebetsweise sind unterschiedlich: das kontemplative Gebet, das Jesusgebet, das Herzensgebet, das immerwährende Gebet, das Gebet der Sammlung, das Gebet der Ruhe oder auch das sogenannte einfache Gebet. Jede Bezeichnung hebt einen ganz bestimmten Aspekt in den Vordergrund. Das „Jesusgebet" stellt den Namen Jesus Christus ins Zentrum. Der Betende versucht seine Aufmerksamkeit in Verbindung mit dem Atem auf den Namen Jesus Christus zu richten. Das „Herzensgebet" der Ostkirche leitet sich von einer weitergehenden Anweisung einiger Mönchsväter ab, die empfohlen haben, während des Jesusgebetes die Aufmerksamkeit zusammen mit dem Atem zum Herzen zu lenken bzw. den Namen beständig in seinem Herzen zu bewegen. Teresa von Avila fasste einen Teil ihrer Gebetsanweisungen unter der Bezeichnung „innerliches Gebet" oder auch „Gebet der Sammlung" zusammen. Durch die Bezeichnung „immerwährendes Gebet" (abgeleitet von 1 Thess 5,17: „Betet ohne Unterlass") soll zum Ausdruck gebracht werden, dass sich diese Gebetsweise nicht auf einzelne Gebetszeiten beschränkt, sondern dass der Mensch mit seiner inneren Aufmerksamkeit stets mit Jesus Christus verbunden ist.

Allen Begriffen gemeinsam ist, dass der Betende hier seine Aufmerksamkeit nicht auf seine Gedanken, auf Texte oder Bilder richtet, sondern sich in Verbindung mit einem Wort der Gegenwart zuwendet, in der Gott erfahrbar ist. Visionen und Ähnliches sind dabei unwesentlich.

1.2 Christliche Meditation

Heute ist es üblich, von Meditation zu sprechen. So benütze auch ich ganz selbstverständlich diesen Begriff und meine damit das kontemplative Gebet. Ich bitte um Verständnis, wenn ich die präzise Unterscheidung in diesem Buch nicht mache, sondern beide Begriffe synonym gebrauche. Es ist mir ein Anliegen, die Sprache von heute aufzunehmen und dadurch den Zugang zur christlichen Meditationsweise zu erleichtern. Ich möchte jedoch nicht auf das Wort Gebet verzichten, da es für mich Ausdruck der persönlichen Beziehung zu Gott ist. Meditation hingegen muss nicht einmal religiös gebunden sein. Man versteht heute darunter fast jede Art von Besinnung und Sammlung. Die Bezeichnung „christliche Meditation" soll deshalb den christlichen Bezug hervorheben.

Die Motivationen für die christliche Meditation haben sich im Laufe der Geschichte verändert. Anfang des 4. Jahrhunderts suchten Mönche mit dieser schlichten Gebetsweise die Reinheit des Herzens zu erlangen und darin die Vereinigung mit Gott. Unsere Zeit, die sich in tausend Möglichkeiten aufzulösen scheint und den Menschen mit Reizen überflutet, die kaum mehr verarbeitbar sind, lässt die Sehnsucht wachsen nach einem einfachen Dasein vor

Gott, in dem man ohne erneuten Leistungsanspruch zur Ruhe kommen darf und sein Leben in tieferen Dimensionen des Seins zu verankern vermag.

1.3 Gegenwart

Eine Teilnehmerin der „Tage der Stille" fragte mich einmal unvermittelt: „Was meinst du eigentlich mit ‚in der Gegenwart sein'?" Damals war ich über diese Frage irritiert, die vordergründig doch jeder beantworten könnte. Es wurde mir aber bewusst, dass dieser Begriff in der Umgangssprache nicht geläufig ist. Als ersten Impuls hatte ich damals geantwortet: „Gegenwart ist das, was im Augenblick da ist." Diese Kurzdefinition, die vor allem den zeitlichen Aspekt ins Zentrum rückt, wird jedoch seiner spirituellen Dimension nicht gerecht. Martin Buber stellt fest: „Gegenwart [...], die wirkliche und erfüllte, gibt es nur insofern, als es Gegenwärtigkeit, Begegnung, Beziehung gibt. Nur dadurch, dass das Du gegenwärtig wird, entsteht Gegenwart."[2]

Gegenwart ist also nicht nur ein Zeitbegriff, sondern ein Beziehungsbegriff. In Bezug auf die Meditation bedeutet er, dass Gegenwart für den Meditierenden entsteht, indem er sich auf eine Beziehung mit sich selbst einlässt und damit auch auf den Geist Gottes, der in ihm wohnt (1 Kor 3,16).

Gott, der sich als „Ich bin der ‚Ich bin da'" (Ex 3,14) offenbart hat, gibt sich klar als ein Gott der Gegenwart zu erkennen. Folglich ist Gott in der Gegenwart erfahrbar. Da es nur eine Gegenwart gibt, ist die Hinwendung zur Gegenwart stets eine Hinwendung zur göttlichen Gegenwart, auch wenn der Mensch sie nicht als solche erfassen kann. Es existiert also nicht eine Gegenwart mit Gott und eine Gegenwart ohne Gott.

Begegnung mit der Gegenwart ist möglich, wenn der Mensch selbst auch „da" ist und bereit, sich einzulassen auf das, was ist. Von jemandem, der zwar physisch „da" ist, jedoch in seinen Gedanken versunken, sagt man, dass er abwesend sei. Er ist „irgendwo anders" und wird die anderen Anwesenden entsprechend reduziert wahrnehmen. Ebenso wird der Meditierende die göttliche Gegenwart entsprechend reduziert wahrnehmen, wenn seine Aufmerksamkeit „woanders" ist.

1.4 Wahrnehmen[3]

Im Wesentlichen geht es in der Meditation um die Wahrnehmung. Aus diesem Grund ist Wahrnehmung ein zentraler Begriff für den spirituellen Weg. Wahrnehmung geschieht über die Sinnesorgane: Haut, Augen, Ohren, Mund und Nase, und ist nur im Hier und Jetzt möglich. Sie bindet die Aufmerksamkeit des Meditierenden an die Gegenwart und macht sie dadurch für ihn erst erfahrbar. Was der Mensch wahrnimmt, dessen ist er sich auch bewusst. Eine Frau erzählte mir einmal, ihr sei gar nicht bewusst, dass es bereits Frühling ist. Sie fuhr im Dunkeln zur Arbeit und abends, wenn es bereits wieder dunkel war, nach Hause. Da sie die Veränderungen in der Natur nicht wahrnahm, war ihr auch die veränderte Jahreszeit nicht bewusst. Hier wird deutlich: „Wahrnehmen, Bewusst-sein, Dasein und in der Gegenwart sein sind praktisch Synonyme."[4]

Nach der Wahrnehmung folgt das Denken über das Wahrgenommene und schließlich, entsprechend den Gedanken, die Handlung. Das Ökonomisieren unserer Zeit („Zeit ist Geld") bringt es mit sich, danach zu trachten, die Arbeitskraft voll auszulasten und nach Möglichkeit auch aus der Freizeit das Optimale herauszuholen. Immer mehr, immer besser, immer schneller, immer billiger, immer effektiver, lautet die Devise. Die Folge ist eine beständige Betriebsamkeit. Kaum hat der Mensch etwas wahrgenommen, schon ist er im Denken, Urteilen, Analysieren, Kalkulieren, Planen und in der Aktion. Er nimmt nur noch kurz, flüchtig und oberflächlich wahr – auch sich selbst. Doch ist es die Wahrnehmung, die ihm den Zugang zu Gott öffnet. Die Meditation kann als eine Schule der Wahrnehmung bezeichnet werden, in der das Denken und das Tun nicht im Zentrum der Aufmerksamkeit stehen.

Auf dem Weg zu Gott muss man nicht einen scharfen Verstand und große Leistungen vorweisen. Jesus preist den Vater, der sich nicht den Weisen und Klugen offenbart hat, sondern den Unmündigen (Mt 11,25). Es sind besonders die Unmündigen, kleine Kinder, die wach und aufmerksam wahrnehmen können. Sie sind es, die empfänglich sind für die göttliche Gegenwart. Mit den Kleinen und Unmündigen setzt Jesus ein Beispiel: „Wenn ihr nicht umkehrt und werdet wie die Kinder, so werdet ihr nicht ins Himmelreich kommen" (Mt 18,3). Er fordert den Menschen auf, nicht ausschließlich im Denken und Handeln zu leben, sondern der schlichten vorbehaltslosen Wahrnehmung Raum zu geben.

2. Ursprünge

Die Wurzeln der christlichen Meditation sind in den Anfängen des christlichen Mönchstums im 3. bis 4. Jahrhundert in der Wüste Ägyptens und Syriens zu finden. Im Kampf gegen seine Leidenschaften und Laster wiederholte der Mönch beständig einen bestimmten Vers aus der Heiligen Schrift oder ein Psalmwort. Diese Repetition sollte einer beständigen Herzensruhe („Hesychia") und somit der Reinheit des Herzens dienen.

Der hl. Antonius der Große († 356) zählt zu den berühmtesten Wüstenvätern. Der Mönch Evagrius Ponticus († 399), ebenfalls einer der großen Meister der ägyptischen Wüste, beschreibt eine Lehre vom „reinen Gebet", das heißt vom gedanken- und bildfreien Beten, das in das „wortlose Geheimnis Gottes" führt (Isaak von Ninive, † ca. 700). Der Mönch entleert im Gebet den innersten Raum in sich, damit Gott selbst ihn füllen kann. Ziel des monastischen Lebens ist die Vereinigung des Geistes mit Gott.

Johannes Cassian († 435), der als großer Vermittler zwischen dem ägyptischen Mönchtum und dem Westen galt, brachte den Hesychasmus, das Gebet der Ruhe, ins Abendland. Von ihm dürfte die Weisung kommen, den Psalmvers „O Gott, komm mir zu Hilfe, Herr, eile mir zu helfen" (Ps 70,2) als Gebetsformel stets zu wiederholen.Der Mönch sollte dadurch seine Aufmerksamkeit beständig auf Gott richten und Gott vor allem auch in Situationen der Schwäche nicht aus den Augen verlieren. Das berühmteste an Jesus Christus gerichtete Wiederholungsgebet, in dem der Jesusname aber nicht vorkommt, ist das „Kyrie eleison" (griech. „Herr, erbarme dich"). Zu den bekanntesten Stoßgebeten zählen das Zöllnergebet: „Gott, sei mir Sünder gnädig" (Lk 18,13) und das Gebet des Blinden am Weg: „Jesus, Sohn Davids, erbarme dich meiner" (Lk 18,38). Aus diesen Kurzgebeten leiteten sich längere Formulierungen ab, wie z. B. „Herr Jesus Christus, Sohn des lebendigen Gottes, erbarme dich meiner". Durch eine jahrhundertelange Entwicklung entstand aus diesen Gebeten und der Verehrung des Namens Jesu das „Jesusgebet".

Dem Mönch Symeon, der Neue Theologe (†1022), wird ein Buch über die „Methode des heiligen Gebetes und der Aufmerksamkeit" zugesprochen, in dem er klare Anweisungen über die Gebetspraxis gibt. Noch zu seinen Lebzeiten verlor das Jesusgebet jedoch an Bedeutung. Durch das Lebenszeugnis und die Schriften von Gregor der Sinaite (†1346), die schon früh, wahrscheinlich bereits während seines Lebens, in mehrere slawische Sprachen übersetzt wurden, gelangte das Jesusgebet auf dem Berg Athos wieder zu neuer Blüte. Von dort verbreitete es sich rasch.

Weltweit bekannt wurde das Jesusgebet insbesondere durch die Philokalie[5] (Liebe zur Schönheit), eine Sammlung von Texten über das Jesusgebet von mehr als 30 Schriftstellern des christlichen Ostens aus dem 3. bis 15. Jahrhundert. In Russland waren und sind es besonders die „Starzen", geistliche Lehrer und spirituelle Begleiter, die Suchende bis heute in das Jesusgebet einweihen. Im Westen sorgte das Buch „Aufrichtige Erzählungen eines russischen Pilgers"[6] für eine rasche Anerkennung und Verbreitung des Jesusgebets. Hier wird beschrieben, wie ein unbekannter Christ aus Russland Mitte des 19. Jahrhunderts die Aufforderung des hl. Paulus zu unablässigem Gebet zu erfüllen sucht (1 Thess 5,17). Er bekommt dabei Hilfe und Orientierung durch einen Eremiten, der ihn in das Geheimnis des Jesusgebets einweiht. Dieser rät dem Suchenden die beständige Wiederholung des Satzes: „Herr Jesus Christus, erbarme dich meiner.“ Bei beharrlicher Wiederholung vereine sich dieser Satz mit seinem Herzschlag und seinem Atem und es beginne schließlich in ihm von selbst „ohne Unterlass“ zu beten. Bei der Schilderung der Erfahrungen des russischen Pilgers wird dem Leser deutlich, dass sich das Jesusgebet in seiner tiefen Dimension nicht durch theoretisches Wissen erschließt, sondern nur durch eine beharrliche und treue Gebetspraxis.

Die Weitergabe des Jesusgebets an die jeweils nächste Generation ist seit dem 4. Jahrhundert nicht abgebrochen. In unserer Zeit hat im deutschsprachigen Raum besonders das Buch von Franz Jalics[7] zu seiner Verbreitung beigetragen. Im englischsprachigen Raum möchte ich die Benediktinermönche John Main und Laurence Freeman sowie die Trappistenmönche Thomas Keating und Thomas Merton nennen. Mit ihren Büchern haben sie vielen Menschen einen neuen Zugang zur Kontemplation eröffnet.

3. Was die Meditation trägt

Alles beginnt mit der Sehnsucht.
(Nelly Sachs)

Aufgrund eines gestressten Alltags sehnen sich heute viele Menschen nach Entspannung. Viele beginnen zu meditieren in der Erwartung, dass es ihnen guttut und sie durch eine bestimmte Technik in einen entspannten Zustand kommen. Das Bedürfnis nach Ruhe und Entspannung reicht jedoch nicht aus, um auch in schwierigen Phasen der Meditation dabeizubleiben. Sucht der Mensch in erster Linie Ruhe und Entspannung, ist es nachvollziehbar, wenn er zu meditieren aufhört, falls die erhoffte Ruhe ausbleibt oder sich Schwierigkeiten zeigen.

Der tragende Grund für den meditativen Weg, der Höhen und Tiefen mit sich bringt, ist eine Sehnsucht, dem Göttlichen in seinem Leben Raum zu geben. Mit ihr beginnt der Weg, sogar dann, wenn sie nicht unmittelbar spürbar ist. Davon erzählt die Geschichte eines jungen Mannes. Als ihn ein Rabbi nach seiner Sehnsucht nach Gott fragt, wird er traurig und muss zugeben, dass er meistens so viel zu tun hat, dass die Sehnsucht im Alltag untergeht. Als er jedoch die Frage hört, ob er Sehnsucht danach hat, Sehnsucht zu haben, Gott zu lieben, hellt sich sein Gesicht wieder auf, da er dies bejahen kann. Die Geschichte endet mit der Aussage des Rabbis: „Das genügt. Du bist auf dem Weg." Diese Sehnsucht, und sei es die Sehnsucht nach der Sehnsucht, ist die Kraft, die bewirkt, in der Meditation dabeizubleiben, auch wenn sich Schwierigkeiten zeigen.

Die Sehnsucht nach Gott kann nur gestillt werden, wenn der Mensch bereit ist, sich selbst zu begegnen. Die großen Meister aller spirituellen Traditionen wissen um den Zusammenhang von Selbst- und Gotteserfahrung. Es sind zwei Seiten einer Medaille, die untrennbar zueinandergehören und einander vertiefen. Im Mönchtum wird der Weg zu Gott seit jeher über die Selbstbegegnung gewiesen. Stille Zeiten sind hierbei eine große Hilfe. Bereits im 4. Jahrhundert bringt der Wüstenvater Evagrius Ponticus dies kurz und bündig auf den Punkt: „Willst du Gott erkennen, lerne vorher dich selber kennen." Jede wahre Selbstbegegnung ist somit auch ein weiterer Schritt auf dem Weg zu Gott. Ist die Bereitschaft, sich selbst zu begegnen, jedoch nicht gegeben, besteht die Gefahr des „spiritual bypassing". Es ist der Versuch, der eigenen Wirklichkeit auszuweichen, Illusionen aufrechtzuerhalten und persönliche Herausforderungen mit Hilfe der Meditation zu umgehen. Dies verhindert die eigene Entwicklung und blockiert den Weg zu Gott.

Therapien unterstützen den Menschen darin, sich aufrichtig selbst zu begegnen. Im direkten Kontakt kann der Therapeut z.B. behutsam auf innere Blockaden der Persönlichkeitsentwicklung eingehen, abgespaltene Gefühle wieder ins Bewusstsein bringen und damit die Ich-Identität stärken. In der Meditation hingegen geht es nicht darum, das eigene Ich zu stärken, sondern es loszulassen, um der göttlichen Dimension in sich Raum zu geben. Bevor man jedoch sein eigenes Ich in der Meditation loslassen kann, muss man es erst einmal entwickelt haben. Ebenso kann man Gefühle erst dann loslassen, wenn man sie zugelassen hat. Die Meditation, obwohl sie auch therapeutisch wirkt, ist also kein Therapieersatz. Man würde zudem die Meditation verzwecken, für die jedoch ein absichtsloses Dasein in der Gegenwart Gottes kennzeichnend ist. Therapien können den Zugang zum meditativen Weg ebnen, falls er sonst verschlossen bliebe. Bei mangelndem Realitätssinn, fehlender Selbstdistanz oder bei schweren, nicht therapeutisch aufgearbeiteten Traumatisierungen ist von dieser Form der Meditation abzuraten, ebenso wenn eine akute Krise vorliegt. Hier ist menschliche Zuwendung vonnöten und professionelle psychologische Unterstützung zu empfehlen. Die langen Zeiten der Stille und das „Auf-sich-selbst-zurückgeworfen-Sein" könnten dazu führen, dass sich schwierige innere Zustände sogar noch verstärken.

II. Meditationspraxis

Das Einfache verwahrt das Rätsel des Bleibenden und des Großen. Unvermittelt kehrt es bei den Menschen ein und braucht doch ein langes Gedeihen. Im Unscheinbaren des immer Selben verbirgt es seinen Segen.[8]
(Martin Heidegger)

Im Laufe der Geschichte haben große Heilige, Mystiker und Mystikerinnen in der konkreten Meditationspraxis, wie bereits erwähnt, oft unterschiedliche Gesichtspunkte hervorgehoben und mitunter recht unterschiedliche Anweisungen gegeben. Dies bedeutet, dass es nicht *die* Praxis bzw. nicht nur eine Praxis der christlichen Meditation gibt. Große Unterschiede lassen sich bereits in der äußeren Form finden. Die Meditation während des Gehens, wie sie in den „Aufrichtigen Erzählungen eines russischen Pilgers" beschrieben wird, ist zum Beispiel eine Form, die in unserem Kulturkreis wenig bekannt ist. Franz Jalics lehrt das Jesusgebet in Verbindung mit der Wahrnehmung der Hände und des Atems. Es ist die Meditationsweise, die ich seit vielen Jahren praktiziere und auf die ich mich in diesem Buch beziehe.

1. Die äußeren Gegebenheiten

Die christliche Spiritualität kennt neben der Meditation ein breites Spektrum von Gebetsformen: das vorformulierte, das betrachtende, das reflektierende, das spontane, das affektive Gebet oder den Rosenkranz. Da das Gebetsleben, d.h. die Beziehung zu Gott, nichts Statisches ist, sondern sich entfaltet wie das Leben selbst, ist jede dieser Gebetsformen, zur rechten Zeit gepflegt, wertvoll und hilfreich.

Um die Meditation in den Alltag zu integrieren, ist es hilfreich, bestimmte äußere Gegebenheiten zu berücksichtigen. Der zeitliche Freiraum, der für die Meditation notwendig ist, hängt von der jeweiligen Arbeits- und Lebenssituation ab. Einem Rentner stehen andere zeitliche Möglichkeiten zur Verfügung als einem Manager, der noch voll im Berufsleben steht, oder einer Mutter in der Familienphase. Die Meditationszeit sollte auf jeden Fall geschützt sein. Dies bedeutet z.B., dass das Handy ausgeschaltet wird und die Menschen, mit denen man zusammenlebt, um diese stille Gebetszeit wissen. Der Raum sollte nach Möglichkeit ruhig und gut gelüftet sein. Wenn es die räumliche Situation zulässt, ist es vorteilhaft, bei sich zuhause eine Meditationsecke einzurichten. Von ihr kann stets eine stille Einladung für das Gebet ausgehen.

Die gewählte Sitzweise ist für den Meditierenden nicht ohne Bedeutung. Wie bereits den Mönchsvätern bekannt war, besteht eine wechselseitige Einwirkung von Körperhaltung und geistiger Haltung. So unterstützt ein entspannt aufgerichteter Oberkörper das aufmerksame Dasein. Dies ist auch im Alltag gut zu beobachten. Bei einem Gespräch, bei dem man mit Interesse dabei ist, richtet man z. B. den Oberkörper fast automatisch auf und signalisiert dadurch seinem Gegenüber: „Ich bin jetzt ganz Ohr", „Ich bin jetzt ganz bei dir und aufnahmebereit". Beim Fernsehen ist weder eine wache Aufmerksamkeit noch ein aufgerichteter Oberkörper notwendig. Der Fernseher läuft und läuft, ob man nun sein Interesse auf ihn richtet oder nicht und ungeachtet der eingenommenen Sitzposition.

Die entspannt aufrechte Körperhaltung ist auf einem Stuhl, einem Meditationshocker, einem Sitzkissen oder auf zusammengefalteten Decken möglich. Manche meinen, man müsse bei der Meditation unbedingt knien oder gar einen Lotussitz einnehmen. Dies sind Äußerlichkeiten. Bei der Meditation kommt es auf die innere Haltung an. Aus diesem Grund sind alle Sitzweisen gleich gut. Sie sollten der körperlichen Konstitution entsprechen und es ermöglichen, während der Meditation aufrecht, ruhig und gesammelt zu bleiben. Ein unbequemer Sitz und eine gekrümmte Körperhaltung führen leicht zu Verspannungen. Bei gesundheitlichen Einschränkungen ist es natürlich sehr wohl möglich, dass man den Oberkörper anlehnt. Man kann auch eine liegende Position einnehmen. Einem gesunden Menschen ist diese Position aber nicht zu empfehlen, da man leicht in ein Dösen abgleitet. Bei allen Sitzweisen ist darauf zu achten, dass der Kopf natürlich aufgerichtet ist, weder zur Seite noch nach vorne oder nach hinten geneigt ist. Bei mehreren Meditationseinheiten hintereinander empfiehlt es sich, die Sitzpositionen zu wechseln.

In der Regel schließt man während der Meditation die Augen. Sie können jedoch ebenso geöffnet bleiben. Der

Blick ruht dann aber auf einem Punkt am Boden, ohne diesen zu fixieren. Um einem Dösen oder Träumen vorzubeugen, empfehlen die Mönchsväter, mit geschlossenem Mund zu meditieren. Des Weiteren empfehlen sie, dass zur Stunde des Gebets das Essen schon verdaut sein sollte. Diese praktischen Hinweise unterstützen das wache Dasein – damals wie heute.

2. Die Wahrnehmung der Hände[9]

Es gibt Meditationsweisen, bei denen man ausschließlich auf den Atem achtet und beobachtet, wie dieser kommt und geht. Die Mönchsväter raten vor allem, die Aufmerksamkeit auf das Herzzentrum zu richten. Franz Jalics empfiehlt die Wahrnehmung der Hände. Nur eines wahrzunehmen, dabei zu verweilen, ohne sich im Vielerlei aufzuhalten, führt den Menschen zum Einklang mit sich selbst. Der eingegrenzte Wahrnehmungsbereich unterstützt die Geistesgegenwärtigkeit und die innere Sammlung und führt in die Tiefe. Es wäre jedoch ein Missverständnis anzunehmen, dass die Körperwahrnehmung selbst das Gebet hervorbringt oder religiöse Erlebnisse erzeugt. Dies ist nicht der Fall. Sie ist allerdings ein körperlicher Prüfstein, durch den unmittelbar und klar erkennbar ist, wo man mit seiner Aufmerksamkeit ist: Entweder ist man im Hier und Jetzt durch die konkrete Wahrnehmung des Atems oder der Hände der Realität zugewandt oder aber man ist mit seiner Aufmerksamkeit bei seinen Gedanken, Phantasien oder Tagträumen und kreist somit um sich selbst. Dieses Unterscheidungskriterium ist einfach, objektiv und ermöglicht jederzeit eine klare Orientierung. Sie bewahrt den Meditierenden vor Selbsttäuschungen.

Die Haltung der Hände kann sehr unterschiedlich sein: ineinandergelegt oder gefaltet. Die Aufmerksamkeit wird dabei auf die Mitte der Handinnenflächen gelenkt. Sie sind besondere Körperstellen, durch die viel Energie fließt. Auch eine offene Handhaltung ist möglich. Wenn man sehr zerstreut ist, kann sie helfen, in die Sammlung zu finden. Man kann die Hände auch mit einem gewissen Abstand zueinander bis fast auf Schulterhöhe hochheben und seine Aufmerksamkeit auf den Zwischenraum richten. Bei dieser Haltung werden die Arme nach einer Zeit schwer. Man legt die Hände dann entweder zusammen oder mit Abstand auf die Knie oder in den Schoß ab. Wesentlich bei dieser offenen Handhaltung ist, dass die Handinnenflächen einander zugewandt sind. Bei Ablenkungen und Zerstreuungen wendet man sich mit seiner Aufmerksamkeit stets aufs Neue den Händen zu. Diese beständige Hinwendung zu den Händen kann wie ein Anker erfahren werden, der die Aufmerksamkeit an das Hier und Jetzt zu binden vermag.

2.1 Mögliche Missverständnisse

Ich muss mich auf die Hände konzentrieren

Erfahrungsgemäß erzielen wir durch Konzentration ein gutes Ergebnis, sei es in der Schule, bei Prüfungen oder im Berufsleben. Man fokussiert seine Aufmerksamkeit auf eine Sache und drängt störende Einflüsse zurück. Ein Bemühen um Konzentration in der Meditation strengt jedoch an und ist letztlich für sie hinderlich. Hier geht es nämlich nicht darum, sich so gut wie möglich zu konzentrieren, sondern darum, eine offene, lauschende Haltung einzuüben. Dies geschieht, indem man seine Aufmerksamkeit auf die Hände richtet und darauf achtet, was von der Wahrnehmung der Hände entgegenkommt. Gedanken, die ungewollt aufsteigen, müssen weder bekämpft noch zurückgedrängt werden. Man bliebe in dieser Weise mit seinen Gedanken beschäftigt. Man führt stattdessen seine Aufmerksamkeit immer wieder behutsam in Richtung der Hände.

Für Menschen, die stets die Initiative ergreifen, ist es zunächst eine ungewohnte Haltung, aufmerksam abzuwarten, was von den Händen entgegenkommt. Doch man muss in der Meditation nirgends hinkommen, und man muss auch keinen bestimmten Zustand erreichen. Ich öffne mich vielmehr einer Haltung, die ich auch ganz natürlich einnehme, wenn ich etwas erspähen und entdecken möchte. Wenn ich z. B. Murmeltieren zuschauen will, wie sie aus ihrem Bau kommen, werde ich mich nicht auf ihren Bau konzentrieren. Es ist mir klar, dass ich durch meine Konzentration nicht bewirken kann, dass sie schneller herauskommen. Um die Murmeltiere wahrnehmen zu können, sobald sie sich zeigen, genügt es, still und aufmerksam auf den Bau zu schauen. Ich nehme also keine konzentrierte, sondern eine lauschende Haltung ein, die aufnimmt und empfängt, was geschieht. Es ist ein waches Dasein, in dem ich nicht den Anspruch habe, etwas zu bestimmen oder etwas zu beschleunigen. Genauso ist es in der Meditation: Ohne etwas zu forcieren, nehme ich aufmerksam auf, was von den Händen her auf mich zukommt.

Ich denke an die Hände

Es ist ein großer Unterschied, ob man an seine Hände denkt oder sie wahrnimmt und spürt. Äußerlich ist dieser entscheidende Unterschied nicht zu erkennen. Denkt jemand an seine Hände oder macht sich jemand über die Hände Gedanken, befindet er sich mit seiner Aufmerksamkeit auf der mentalen Ebene. Die Tür zum Sein und zur heilsamen Gegenwart öffnet sich jedoch nicht über das Denken, sondern über die Wahrnehmung. Sie geschieht, indem man die Aufmerksamkeit nach innen lenkt und in Richtung der Hände lauscht. Die Wahrnehmungserfahrungen, die dabei gemacht werden, können sehr unterschiedlich sein. Es gibt jedoch keine falsche Wahrnehmung, wie unterschiedlich die gemachten Erfahrungen auch sein mögen. Jede Wahrnehmung ist in sich richtig und jede ist einzigartig. Gemeinsame Basis aller Erfahrungen ist die lauschende Haltung in Richtung der Hände. Es gibt immer wieder Teilnehmende an „Tagen der Stille", die sagen, dass sie ihre Hände nicht spüren. Deshalb denken sie an ihre Hände, was ihnen leichter fällt und auch vertraut ist. Es ist tatsächlich eine Umstellung und auch eine große Herausforderung, seine Aufmerksamkeit von der vertrauten Gedankenwelt abzuwenden und sich auf eine sehr schlichte Wahrnehmung einzulassen. Der Zugang zu dieser subtilen Wahrnehmung kann erleichtert werden, wenn man die zusammengelegten Hände sanft bewegt. Die Handinnenflächen werden in der sanften Bewegung leichter wahrgenommen. Aber auch wenn man nichts spürt, wenn sich ein Nichts, eine Leere oder eine Gefühllosigkeit zeigen, so sind auch dies Wahrnehmungen, die weder falsch sind noch verändert werden müssen. Es genügt, so wie es jedem möglich ist, bei seiner Wahrnehmung zu bleiben und darauf zu achten, was im schlichten Dabei-Sein geschieht.

Ich muss dabei etwas Besonderes spüren

Bei der Einführung in die Meditation sind viele Teilnehmende immer wieder überrascht, dass die Wahrnehmung der Hände so im Zentrum der Aufmerksamkeit steht. Es schließt sich oftmals die Vorstellung an, dass es mit der Wahrnehmung der Hände etwas Besonderes auf sich haben müsse. Dieses Besondere versucht man zu erleben und man ist enttäuscht, wenn sich nichts dergleichen zeigt. Es ergeht einem wie dem kleinen Fisch, von dem in einer Geschichte erzählt wird: Er hat sich auf den Weg gemacht, um den großen Ozean zu finden. Nach einer langen Suche trifft er endlich auf einen erfahrenen Fisch. Auf seine wiederholt gestellte Frage: „Wo kann ich den Ozean finden?", bekommt er die schlichte Antwort, dass der Ozean das ist, worin er schwimmt. „Aber es ist doch nur Wasser", sagt der kleine Fisch und schwimmt enttäuscht weg. So ergeht es manchem Suchenden, der nach etwas Besonderem Ausschau hält. Wenn sich Vorstellungen über eine sogenannte „gute" Meditation, bei der sich etwas Besonderes zeigen sollte, nicht erfüllen, hinterlassen sie wie bei dem kleinen Fisch eine Unzufriedenheit und Enttäuschung. Auf die Frage, wie man die Meditation erfahren hat, antwortet man dann z. B.: „Ja, es war schon gut, aber ich habe nur etwas Ruhe erfahren." – „Ich habe mich wohl gefühlt, aber sonst war weiter nichts." – „Es ist mir schon gut gegangen, aber es ist nichts Besonderes passiert." Hinter diesen Aussagen stehen Vorstellungen, die den Blick versperren für das, was bereits da ist. Gott ist nicht im Besonderen zu finden, denn in ihm leben wir, bewegen wir uns und sind wir (Apg 17,28).

3. Meditieren mit einem Wort: Das „Ja"

Das beständige Wiederholen eines Psalmwortes oder eines Bibelverses wird im frühen Mönchtum als „ruminatio“ (Wiederkäuen) bezeichnet. Wiederkäuer gelten im Alten Testament als reine Tiere (vgl. Lev 11,3; Dtn 14,6). Man dachte besonders an Kamele, die ihre Nahrung so lange kauen, bis die Nahrung in Fleisch und Blut übergegangen ist. So solle auch das Wort Gottes die tägliche Nahrung sein, die der Mönch still oder murmelnd während des ganzen Tages wiederholt und die schließlich durch ein beständiges Durchkauen bis in sein Herz vordringt.

Der anonyme Verfasser der „Wolke des Nichtwissens“ aus dem 14. Jahrhundert empfiehlt, ein kurzes Wort auszuwählen und die Wirklichkeit, für die das Wort steht, auf sich wirken zu lassen. „Willst du deine Sehnsucht in ein Wort fassen, um dich besser daran halten zu können, nimm am besten ein kurzes Wort. [...] Nimm dieses Wort so tief in dich hinein, dass es nicht verklingt, was auch geschehen mag ...“[10] Der große Exerzitienmeister Ignatius von Loyola gibt die Anweisung, das Wort mit jedem Atemzug zu beten und auf die Bedeutung des Wortes zu „schauen“. Dies geschieht konkret, indem der Betende bemüht ist, seine Aufmerksamkeit an das Wort zu binden, das er innerlich spricht. Diese achtsame Wahrnehmung in Verbindung mit einem Wort intensiviert die Präsenz während der Meditation.

Franz Jalics empfiehlt bei der Einführung in die Meditation, ein „Ja“ in die Hände zu sprechen. Das „Ja“ soll keinen Impuls zum Nachsinnen geben, sondern als ein einfaches Wort angesehen werden, das den Meditierenden eine gewisse Wegetappe begleitet. Es geht um die Wahrnehmung der Hände in Verbindung mit einem Wort. Man spricht hierfür das „Ja“ mit dem Ausatmen in Richtung der Hände. Die Lippen bewegen sich dabei nicht. Es ist mehr ein Lauschen auf dieses innerlich gesprochene Wort als ein Sprechen. Die Aufmerksamkeit bleibt dabei bei den Händen. Man lauscht auf den inneren Klang des Wortes und darauf, wie bzw. ob das „Ja“ in den Händen ankommt. In dieser Weise spricht man immer wieder lauschend das „Ja“ in Richtung der Hände. Man achtet dabei darauf, was bei diesem schlichten Dabei-Bleiben geschieht und welche Präsenz in Verbindung mit dem „Ja“ entsteht. Für den meditativen Weg ist es wichtig, die Verbindung zu den Händen zu wahren und das Wort erst dann hinzuzunehmen, wenn eine Wahrnehmung der Hände gegeben ist. Mit der Wahrnehmung der Hände – wie subtil diese Wahrnehmung auch sein mag – ist die Aufmerksamkeit an die Gegenwart gebunden. Es ist ebenso möglich, ganz schlicht nur bei der Wahrnehmung der Hände zu bleiben.

3.1 Mögliche Missverständnisse

Ich philosophiere über das „Ja"

Das Wort „Ja“ kann zu zusätzlichen Gedanken verleiten. Unvermittelt tauchen z. B. Fragen auf: „Warum bzw. zu was sage ich jetzt eigentlich ja? Wo habe ich in meinem Leben schon überall ja gesagt und hätte es lieber bleiben lassen sollen? Warum habe ich in dieser und jener Situation nicht ein Nein gesagt? Wie wäre mein Leben dann verlaufen? Was hätte ich mir nicht alles ersparen können?“

Es ist normal, dass Fragen auftauchen können, aber es ist wichtig, diesen Fragen gedanklich nicht nachzugehen, da man sonst auf der mentalen Ebene bleibt. Die Übung besteht darin, einerseits die Gedanken zuzulassen, jedoch andererseits mit der Aufmerksamkeit nicht bei ihnen zu bleiben, sondern sich immer wieder der schlichten Wahrnehmung der Hände zuzuwenden. In diese Wahrnehmung hinein spricht man mit dem Ausatmen lauschend das „Ja" zu den Händen hin.

Wenn ich „ja" sage, dann sollte es sich stimmig anfühlen

Mit dieser Vorstellung beginnt es schwierig zu werden, wenn man erfährt, dass das „Ja" nicht stimmig ist und sich innerlich etwas dagegen spreizt. Gleichzeitig will man kein „Nein" sagen, sei es, weil man dies als ein „Nein" gegenüber Gott interpretiert oder ein „Ja" als Kriterium ansieht, um auf dem meditativen Weg weiter voranzuschreiten. Tatsächlich ist es jedoch nicht ausschlaggebend, ob man das „Ja" als stimmig erfährt. Man kann den meditativen Weg und seinen Weg zu Gott ebenso mit einem „Nein" fortsetzen, wenn ein „Nein" mit meiner augenblicklichen Realität eher übereinstimmt. In diesem Fall spricht man das „Nein" in der gleichen achtsamen Weise in die Hände wie das „Ja". Franz Jalics ermutigt in diesem Fall mit einem anschaulichen Bild dazu, ein „Nein" zu sagen: Man solle sich vorstellen, eine Straßenbahn sei voller „Neins". Nun kommt das „Ja" und will in die Straßenbahn einsteigen. Aufgrund der vielen „Neins" gelingt es dem „Ja" aber nicht. Das „Ja" muss zuerst warten, bis alle „Neins" ausgestiegen sind. Dann kann es ungehindert einsteigen.[11] In den Meditationskursen habe ich immer wieder erfahren, als wie befreiend es erlebt wird, sich, wenn als innerer Impuls ein „Nein“ aufsteigt, zu erlauben, dieses „Nein“ in die Hände zu sagen, ohne darüber zu urteilen bzw. beurteilt zu werden. In der Regel konnten die Teilnehmenden mit dem Bedürfnis, ein „Nein“ zu sagen, einen Zusammenhang mit Situationen aus ihrem Leben sehen.

4. Der Name Mariens[12]

Bei den Einführungskursen in die Meditation beginnt man zunächst mit dem „Ja" zu meditieren. Erst nachdem der Meditierende einige Erfahrungen mit dem „Ja" in Verbindung mit der Wahrnehmung der Hände gesammelt hat, leitet man dazu an, mit dem Namen Mariens bzw. dem Namen Jesu zu meditieren. Für alle, die mit der Meditation beginnen, ist es zu empfehlen, diese schrittweise Hinführung zum Namen beizubehalten.
In Maria, der Mutter Jesu, sind die kontemplativen Grundhaltungen lebendig. Sie spiegeln sich wider in jeder Situation, in der im Neuen Testament von ihr die Rede ist. Bereits die erste Begebenheit, in der wir etwas von Maria erfahren, lässt erkennen, wie sehr ihr Wesen von diesen Grundhaltungen geprägt ist (Lk 1,26–38). Bei dem Gespräch mit dem Engel gibt sie ihre Zustimmung zu dem, was der Engel sagt, ohne dies mit ihrem Verstand erfassen zu können. Sie gibt ihr „Ja" ohne eine Bedingung zu stellen, und ermöglicht durch ihre Einwilligung, dass Gott Mensch wird. Mit ihrer Antwort „Mir geschehe" weist sie den Weg für alle, die den kontemplativen Weg gehen möchten. Sie lebt diese Haltung, selbst als sie ohnmächtig den eigenen Sohn leiden und sterben sieht. Sie weicht diesem Schmerz nicht aus. Sie geht nicht weg, sondern bleibt ihrem Sohn zugewandt.

Im Laufe der Geschichte hat sich um die Person Mariens eine ganze Theologie gebildet. Diese kann den Zugang zu Maria erschweren. Wir alle kennen den Unterschied: Man kann sich sehr viele Gedanken machen über eine Person, was man an ihr gut findet und was nicht, was man ablehnt und was man befürwortet. Man kann im regen Austausch mit anderen darüber sein. Es ist jedoch ein großer Unterschied, ob ich bei diesen Ansichten und Überlegungen bleibe oder ob ich mich dieser Person direkt zuwende. Der Weg der christlichen Meditation ist es, nicht über Maria nachzudenken, auch nicht zu überlegen, in welcher Beziehung man zu ihr steht, sondern sich unmittelbar ihrem Namen und damit ihrer Person zuzuwenden.

Mit Maria wendet man sich dem mütterlichen Aspekt Gottes zu. Gott ist nicht nur Vater, sondern auch Mutter. Dies wird besonders im Alten Testament hervorgehoben (Jes 49,15; 66,13, Ps 131,2). Manchen Menschen eröffnet sich der Zugang zu Gott leichter über die mütterliche Seite Gottes. Dies ist wie im zwischenmenschlichen Bereich. Die erste Beziehung, die ein Mensch hat, entsteht während der neun Monate Schwangerschaft im Bauch seiner Mutter. Die Mutter ist seine erste Bezugsperson. Die Mütterlichkeit Gottes offenbart sich in jeder Mutter und sie offenbart sich in jeder Frau. Sie offenbart sich auf außerordentliche Weise in der Mutter Jesu.

Man spricht den Namen Mariens nach Möglichkeit mit Ehrfurcht aus, da er für ihre Person steht. Wenn ich ein Kind bei seinem Vornamen rufe, wie z.B. „Michaela“, so meine ich dieses Kind persönlich. Dies ist mehr als irgendein Name für einen Gegenstand, wie z.B. Teppich, Fenster oder Kugelschreiber. Mit dem Namen „Maria“ in der Meditation wende ich mich also an ihre Person. Die Ehrfurcht, die Maria gebührt, kann man jedoch nicht per Knopfdruck in sich auslösen. Wenn man keine Ehrfurcht empfindet, so sagt man ihren Namen in der Weise, wie man kann.

Wie bei dem Wort „Ja" spricht man „Maria" mit dem Ausatmen lauschend in die Hände. Mit einer stillen inneren Aufmerksamkeit achtet man auf den Klang des Namens und ist in dieser Weise ihrer Person zugewandt.

Es ist aber ebenso möglich, in der Meditation bei dem Wort „Ja" zu bleiben.

4.1 Mögliche Missverständnisse

Ich muss eine Beziehung zu Maria haben, um mich ihrem Namen zuzuwenden

Die Hinwendung zu ihrem Namen ist tatsächlich unabhängig davon, ob man Maria kennt und sie erfahren hat oder nicht. Die Beziehungsaufnahme geschieht in der Hinwendung. Es genügen die Bereitschaft und die Offenheit, sich auf ihren Namen und damit auf ihre Person einzulassen.

Ich habe eine Ablehnung gegenüber Maria und kann deshalb ihren Namen nicht sagen

Es ist in der Tat schwer, den Namen Mariens zu sagen, wenn man eine Ablehnung gegen sie empfindet. Die Gründe, die von Meditierenden genannt werden, sind unterschiedlich: Man braucht Maria nicht, man kann sich direkt an Gott wenden; man lehnt die Marienverehrung überhaupt ab, findet vieles kitschig und übertrieben; man hat keinen Bezug zu Maria. In diesem Fall kann man natürlich stets ganz schlicht bei den Händen und beim „Ja" bleiben oder – und dies ist sehr zu empfehlen – man sagt anstatt „Maria" den Namen der eigenen Mutter bzw. wie man sie anspricht oder angesprochen hat: Mama, Mutti, Mutter … Dieses Wort spreche ich nun lauschend in die Hände. Die Bereitschaft, sich auf den Namen Mariens einzulassen oder nicht, ist oftmals von der Beziehung abhängig, die man zur eigenen Mutter hat, bzw. von der Mütterlichkeit und Fürsorglichkeit, die man in seinem Leben erfahren bzw. nicht erfahren hat. Ich erinnere mich an eine Teilnehmerin, die es abgelehnt hat, mit dem Namen „Maria“ zu meditieren. Sie war auch nicht damit einverstanden, den Namen Jesu zu sagen, da sie auch zu Jesus keine Beziehung habe. Sie war jedoch einverstanden, den Namen ihrer Mutter zu sagen. In der Stille sprach sie sanft und lauschend „Mama“ in die Hände. Im gleichen Moment kamen ihr Tränen in die Augen. Es war der Beginn eines schmerzhaften Heilungswegs. Mit der Ablehnung gegenüber Maria hielt sie gleichzeitig den Schmerz der vermissten Fürsorge und Mütterlichkeit von sich fern. Über den Versöhnungsweg mit ihrer leiblichen Mutter öffnete sich für sie der Zugang zu Maria.

5. Der Name Jesu Christi[13]

Im Hebräischen steht der Name für die Person und für ihr Wesen. Wenn man sich demnach dem Namen „Jesus Christus“ zuwendet, wendet man sich seiner Person und seinem Wesen zu. Sein Wesen zeichnet sich aus durch eine tiefe Verbundenheit zu Gott, seinem Vater, die so tief und innig ist, dass Jesus sagen kann: „Ich und der Vater sind eins“ (Joh 10,30). Sein Wesen drückt sich auch durch eine große Liebe zu den Menschen aus und hier besonders zu den Armen und Ausgegrenzten. Mit der Wiederholung seines Namens wendet man sich seinem Wesen zu und damit der erlösenden Kraft, die in seinem Namen ist und die neues Leben ermöglicht (Apg 4,12). Man verzichtet dabei darauf, den Namen mit schönen Gedanken, Gefühlen, Bildern oder Erinnerungen zu schmücken. Die Aufmerksamkeit ist in einer schlichten Weise seinem Namen zugewandt.

Die Hände bleiben auch beim Aussprechen des Namens Jesu wesentlich. Mit der Wahrnehmung der Hände spricht man mit dem Ausatmen „Jesus“ und mit dem Einatmen „Christus“ in die Hände. Es ist jedoch vielmehr ein Hören auf den Namen und auf seinen Klang als ein Sprechen des Namens. Diese Gebetsanweisung hat eine tiefe Bedeutung: „Jesus“ in Verbindung mit dem Ausatmen möchte zum Ausdruck bringen, dass Jesus nicht daran festgehalten hat, wie Gott zu sein, sondern er ist vom Himmel hinabgestiegen und ist ganz Mensch geworden (Phil 2,6–8). Er hat die Hingabe bis zur letzten Konsequenz gelebt. „Christus“ in Verbindung mit dem Einatmen wendet sich an den Auferstandenen, der den Menschen aufrichtet. Das lauschende Aussprechen des Namens kann sich ganz natürlich dem Rhythmus des Atems anpassen. Der Name, der Atem und die Wahrnehmung der Hände kommen allmählich in Einklang. Zu Beginn mag es schwierig erscheinen, beide Namen mit dem Ein- und Ausatmen zu verbinden, gleichzeitig die Hände wahrzunehmen und auf den Klang des Namens zu achten. Es ist jedoch nicht notwendig, mit jedem Atemzug den Namen zu sprechen. Es ist auch möglich, nur den Namen „Jesus“ zu sagen und allmählich, wenn es stimmig ist, „Christus“ hinzuzunehmen. Der eigene Rhythmus, auch wenn er unregelmäßig ist, wird sich zu seiner Zeit einfinden. Auf dem meditativen Weg muss man nichts beschleunigen.

5.1 Mögliche Missverständnisse

Missverständnisse, die bereits beim Namen Mariens auftreten, können ebenso den Namen Jesu betreffen. Auf weitere solcher Missverständnisse gehe ich nachfolgend ein.

Ich muss zuerst klären, wie ich zu Jesus Christus stehe

Wenn die Beziehung zu Jesus Christus unklar ist, besteht natürlich das Bedürfnis nach Klärung. Man setzt sich dann üblicherweise gedanklich mit Jesus Christus auseinander. Die Meditation lädt dazu ein, die Klärung nicht auf der mentalen Ebene zu suchen, sondern sich unmittelbar seinem Namen zuzuwenden. In dieser Hinwendung vollzieht sich ein Geschehen, das der Verstand nicht zu fassen vermag.

Ich muss ehrfürchtige Gefühle haben, wenn ich den Namen „Jesus Christus" ausspreche

Ein weiteres Missverständnis ist es, zu meinen, man müsse ganz besondere Gefühle haben beim Aussprechen des Namens „Jesus Christus". Mit diesem Anspruch setzt man sich selbst subtil unter Druck. Man versucht, entweder selbst ehrfürchtige, religiöse Gefühle zu erzeugen, und bleibt damit in einer Haltung des Machens, oder man spricht den Namen Jesu nicht mehr aus und manches Mal lässt man enttäuscht die Meditation ganz sein. Es ist ein nachvollziehbarer Wunsch, mit ehrfürchtigen Gefühlen den Namen aussprechen zu wollen. Doch Gott ist es, der alles, was der Ehrfurcht entgegensteht, zu wandeln vermag. Bis dahin kann ich mich Gott so zuwenden, wie es im Augenblick tatsächlich meiner inneren Realität entspricht. Ich spreche also den Namen in der Weise aus, wie es mir im Augenblick möglich ist.

Ich sollte keine negativen Gefühle haben

Der Zugang zum Namen Jesu wird auch erschwert durch negative, unverarbeitete Erfahrungen aus der Vergangenheit, die im Zusammenhang mit seinem Namen gemacht wurden. Wenn im Namen Jesu Christi z.B. moralischer Druck ausgeübt wurde, wird der Name mit negativen Gefühlen verbunden sein. Die Hinwendung zu seinem Namen bringt diese Erlebnisse aus der Vergangenheit erneut ins Bewusstsein. Sie kommen ans Licht, weil sie der Heilung und Wandlung bedürfen. Wichtig ist es, sich von diesen Gefühlen nicht irritieren zu lassen, unabhängig davon wie negativ sie auch sein mögen, und unabhängig davon, ob sie sich vielleicht sogar gegen Jesus Christus selbst richten. Bildhaft gesprochen, lässt man diese Gefühle und alle Gedanken, die damit verbunden sind, von sich ziehen, so wie Rauch, der durch einen Schornstein zieht. Man verzichtet dabei auf jegliche Beurteilung seiner Gefühle und Gedanken. In der Hinwendung zu Gott lasse ich gewähren, was in mir aufsteigt. Würde ich jedoch diese negativen Gefühle zurückhalten, begänne es in mir über kurz oder lang zu „qualmen". Das Feuer seiner heilbringenden Gegenwart könnte nicht brennen.

Die in diesem Kapitel beschriebene praktische Anleitung zur Meditation würde sich auf eine Meditationstechnik reduzieren, kämen nicht die kontemplativen Haltungen dazu, für die sich der Meditierende öffnet. Es handelt sich in der Meditation nämlich nicht um eine Technik, die man erlernt und nach einer gewissen Übung „kann", sondern um ein Beziehungsgeschehen, das in jeder Meditation stets aufs Neue gelebt werden möchte. Die kontemplativen Haltungen, die ich nachfolgend erläutere, geben dem Meditierenden eine innere Orientierung und zeigen auf, in welcher Weise er sich dem inneren Beziehungsgeschehen öffnet und wie er die konkrete Meditationspraxis leben kann.

III. Kontemplative Haltungen und ihre heilenden Auswirkungen

1. Achtsame Haltung: Aufmerksam sein für das, was ist

Das Wesen des Gebets besteht in der Aufmerksamkeit. (Simone Weil)

Wir leben in einer Zeit zunehmender Beschleunigung, in der Multitasking, Effizienz, durchgetaktete Terminpläne und Stress den Alltag bestimmen. Aufmerksamkeit und Achtsamkeit bleiben dabei oftmals auf der Strecke und mit ihnen das Wohlbefinden und die Gesundheit des Menschen. Dies hat Folgen: Jeder Zweite klagt über steigenden Stress. Die Weltgesundheitsorganisation (WHO) hat Stress als eine der größten Gesundheitsgefahren des 21. Jahrhunderts ausgemacht. Achtsamkeit erscheint hier wie ein Zauberwort, das einen Ausweg aus den vielfältigen Belastungen unseres Alltags zu geben scheint. Innerhalb neuer Entwicklungen in der Psychotherapie, der Verhaltensmedizin und den Neurowissenschaften wird das Prinzip der Achtsamkeit als eine hochwirksame Methode beschrieben, um die Lebensqualität zu erhöhen, Stress zu reduzieren und die Gesundheit zu bessern. Federführend ist hier Jon Kabat-Zinn zu nennen, der für den medizinisch-therapeutischen Bereich ein spezielles Achtsamkeitstraining (mindfulness-based stress reduction = MBSR) entwickelt hat, das Menschen helfen soll, besser mit Stress, Schmerzen und Krankheiten umzugehen. Vielfältige Studien belegen die positiven Auswirkungen gelebter Achtsamkeit.

Früher verstand man unter Achtsamkeit vor allem eine Haltung, in der man achtsam mit jemand bzw. mit etwas umging. Heute hat sich der Begriff geweitet und umfasst ausdrücklich auch die Achtsamkeit auf die eigene Person. Die Aufmerksamkeit kann sowohl nach außen als auch nach innen gerichtet sein. Der heute schmerzhaft erfahrene Mangel an Achtsamkeit lässt bei vielen Menschen das Bedürfnis nach einer Haltung wachsen, die den Alltag zu entschleunigen und die Lebensqualität zu verbessern vermag.

Die Praxis der Achtsamkeit ist jedoch kein neues Bedürfnis und keine Erfindung unserer Zeit. Sie hat uralte Wurzeln in den spirituellen Traditionen. Jesus fordert dazu auf, wachsam zu sein (Mk 13,35), und verbindet die Wachsamkeit mit dem Gebet (Mt 26,41). Es geht dabei nicht um ein „Erreichen", „Verändern" oder um ein „Produzieren", sondern um das „aufmerksame Gewahrsein dessen, was ist". In dieser Wachsamkeit, die in einer achtsamen und aufmerksamen Haltung zum Ausdruck kommt, ist der Mensch mit allen Sinnen Gott zugewandt. Darin besteht das Wesen des Gebets. Achtsamkeit, die für alle Lebensbereiche wichtig ist, entfaltet in der spirituellen Erfahrung ihre größte Tiefe. Das aufmerksame Dasein ist in gewisser Weise etwas Passives, denn es lässt geschehen, ohne dabei eine Absicht zu verfolgen. Gleichzeitig ist die Ausübung der Aufmerksamkeit ein hochaktiver Vorgang, indem der Mensch all seine Sinne öffnet und empfänglich ist für das, was über das eigene Ich hinausführt. In dieser Haltung ist Begegnung möglich: mit sich selbst, mit den Mitmenschen und mit Gott.

Die Fähigkeit, seiner Aufmerksamkeit eine Richtung zu geben, ermöglicht es, unter einer Vielzahl von Eindrücken und Informationen eine Auswahl zu treffen. Wenn ich z. B. jemanden vom Bahnhof abhole, werde ich nach der betreffenden Person Ausschau halten. Die Geräuschkulisse, die am Bahnhof herrscht, tritt für mich in den Hintergrund. Auch alle anderen Personen werde ich nur am Rande wahrnehmen. In den Vordergrund rückt das, worauf ich bewusst meine Aufmerksamkeit richte. Diese Fähigkeit, die Aufmerksamkeit bewusst lenken zu können, um bei einer Sache zu bleiben, ist also nicht nur für die Meditation von zentraler Bedeutung, sondern ebenso für die Bewältigung des Alltags. Sie hat eine unmittelbare Auswirkung darauf, wie man sich fühlt. Psychologen der Harvard-Universität erforschten mit Hilfe einer speziellen iPhone-Applikation die emotionalen Auswirkungen von abschweifenden Gedanken. 2250 Teilnehmer wurden zu unterschiedlichen Zeiten, während sie ihrem normalen Tagesablauf nachgingen, kontaktiert und gefragt, was sie gerade taten, ob sie gerade an ihre augenblickliche Tätigkeit dachten oder an etwas anderes und wie glücklich sie waren. Das Ergebnis zeigte, dass die Teilnehmenden fast die Hälfte der Zeit nicht bei der Sache waren, sondern anderen Gedanken nachhingen. Das Ausmaß des Gegenwärtig-Seins war dabei eng mit dem Empfinden von Glücklichsein und Zufriedenheit verknüpft. Die Menschen, die nicht bei der Sache waren, fühlten sich eher unglücklich.

In der Meditation nutzt man die Fähigkeit, die Aufmerksamkeit bewusst auf das Hier und Jetzt zu lenken und sie immer wieder neu daran zu binden. Indem man sie auf die Gegenwart richtet, lebt man in der Fülle des unmittelbaren Augenblicks. Man ist dem Leben, das der Mensch in Fülle erfahren soll (Joh 10,10), zugewandt und zugleich offen für das Zukünftige. Wer diese Kostbarkeit des Augenblicks entdeckt, findet das Glück des Alltags (Adalbert Stifter).

1.1 Die konkreten Schritte, die in eine achtsame Haltung führen

Achtsamkeit bildet die Basis für eine kontemplative Lebenshaltung. Ohne Achtsamkeit kann sich keine der weiteren kontemplativen Grundhaltungen entfalten.

Die Entscheidung: Ich möchte achtsam sein

Es kommt vor allem darauf an, entschlossen zu beginnen. Wer entschlossen beginnt, hat schon einen guten Teil des Weges hinter sich. (Teresa von Avila)

Achtsamkeit ist eine grundlegende und angeborene Fähigkeit des menschlichen Geistes. Trotzdem ist man nicht „automatisch" achtsam. Nur wenn der Mensch achtsam sein will und sich dazu entschließt, wird er diese Fähigkeit tatsächlich in seinem Leben üben. Üben meint hier natürlich nicht ein Einüben mit dem Ziel, perfekt zu werden, sondern ein regelmäßiges Ausüben, da sich die Achtsamkeit stets nur im gegenwärtigen Augenblick entfalten kann. Die bewusste Entscheidung, achtsam sein zu wollen, wird erleichtert, wenn ein Wunsch danach spürbar ist. Dies unterstützt die Fähigkeit, die Achtsamkeit zu aktivieren und dem Hier und Jetzt zugewandt zu bleiben. Ein routinierter Ablauf, Zeitdruck und unterschiedlichste Befindlichkeiten können diesen Wunsch jedoch verdecken. Unabhängig davon ist es aber möglich, mit einer Entscheidung einen bewussten Anfang zu setzen, worauf sich dann nach und nach eine achtsame Haltung entfalten kann.

Ich nehme meinen Körper wahr

Oder wisst ihr nicht, dass euer Leib ein Tempel des Heiligen Geistes ist, der in euch wohnt und den ihr von Gott habt? … Verherrlicht also Gott in eurem Leib!
(1 Kor 6,19–20)

Da die Meditation ein ganzheitliches Geschehen ist, beziehe ich zu Beginn meinen Körper bewusst mit ein. Er ist der Ausgangspunkt für meine Achtsamkeit. Ich nehme meinen Körper wahr und durchwandere die einzelnen Körperteile, angefangen von den Fußsohlen bis hin zum Scheitel. Es ist hilfreich, einige Momente achtsam auf meinen Atem zu lauschen, wie er kommt und geht. Er hilft mir, bei mir selbst anzukommen. So sagt man z. B. zur Beruhigung zu jemandem, der außer sich ist: „Jetzt atme erst einmal tief durch.“ Mit der Wahrnehmung des Atems komme ich wieder in Kontakt mit mir selbst. Wenn ich meinem Atem nachlausche, führt er mich nach innen. Durch diese Wahrnehmungen meines Körpers und meines Atems komme ich bereits in Berührung mit der Gegenwart. Es ist eine Hinwendung zum Geist Gottes, der in meinem Körper wohnt.

Ich lasse gewähren, was sich in mir zeigt

Lass dich schweigend auf dich selbst zukommen.
(Karl Rahner)

Ich achte anschließend bewusst auf meine augenblickliche Befindlichkeit und lasse zu, was sich in mir zeigt: Gedanken, die auftauchen, Erinnerungen und Bilder, die sich in mir zeigen, oder Sätze, die mir durch den Kopf gehen. Vielleicht wird mir eine Empfindung oder ein Gefühl bewusst und ich bemerke eine Unruhe, eine Traurigkeit, eine Freude oder einen Ärger. Ich lasse mich schweigend auf mich selbst zukommen, indem ich gewähren lasse, was sich in mir zeigt. Diese bewussten Wahrnehmungen schaffen einen Zugang zu mir selbst und ermöglichen es mir, mich ganz dort einzufinden, wo ich jetzt bin. Mein Bewusstsein wird dabei unmerklich auf die Ebene des Seins geführt. Ich darf bei mir selbst ankommen und mich da sein lassen, wie ich bin. Es kann eine Haltung des Geschehen-Lassens entstehen.

Einen Meditierenden, der sich am Anfang der Meditation die Zeit zugesteht, sich selbst wahrzunehmen, kann man in gewisser Hinsicht mit einem Geiger vergleichen. Für ihn ist es selbstverständlich, dass er seine Geige stimmt, *bevor* er beginnt, auf ihr zu spielen. Würde er dies außer Acht lassen, kämen Missklänge heraus, auch wenn er sich noch so große Mühe beim Spielen seiner Geige gäbe. Die Einstimmung auf die Meditation geschieht durch die achtsame Selbstwahrnehmung. Im Gegensatz zum Geiger braucht man sich aber nicht selbst in Einklang zu bringen. Man muss nichts an sich verändern. So wie man im Augenblick da ist, genauso darf man da sein und sich zu Gott wenden.

Ich verzichte auf Bewertungen

Und nun mein Geheimnis. Es ist ganz einfach: Man sieht nur mit dem Herzen gut. Das Wesentliche ist für die Augen unsichtbar. (Antoine de Saint-Exupéry, Der kleine Prinz)

Wir sind es gewohnt, beständig zu bewerten und zu urteilen. Urteile sind wichtig. Ohne sie könnten wir nicht leben. Sie schützen uns, engen uns jedoch auch ein. In der Meditation gilt es nun, die ungewohnte Haltung einzunehmen, auf die Bewertung seiner Gefühle, Gedanken oder seiner Meditation als Ganzes zu verzichten und sie weder als gut und positiv noch als schlecht und negativ zu beurteilen. Bewertungen und Urteile beenden einen Wahrnehmungsakt. Wer urteilt, achtet nicht mehr auf das, was jetzt ist, sondern orientiert sich an seinem Urteil und fixiert seine Aufmerksamkeit darauf. Die Wirklichkeit wird entsprechend reduziert. Bei einem sogenannten Schubladendenken sieht man z. B. vor allem das, was zur eigenen Sichtweise passt. Wenn ich von jemandem sage: „Das ist ein schwieriger Mensch", werde ich mit diesem Urteil sein Verhalten wie durch eine Brille betrachten und es entsprechend bewerten. Andere Anteile seiner Persönlichkeit werden nur am Rande oder gar nicht wahrgenommen. Auch Urteile über sich selbst wie z. B. „ich bin kompliziert" fixieren meine Aufmerksamkeit entsprechend. Man nimmt dann bei sich vor allem das wahr, was dieses Urteil stets aufs Neue bestätigt, und Wesentliches, was meine Person eigentlich ausmacht, sehe ich nicht. Eine Professorin für Heilpädagogik erzählte mir, wie wichtig es ihr war, ihren Studierenden die Bedeutsamkeit der ‚heilsamen Unsicherheit' zu vermitteln. Die ‚heilsame Unsicherheit‘ ermöglicht, eigene Urteile und Sichtweisen über Menschen zu relativieren und sie nicht als etwas Endgültiges zu betrachten. Jesus verurteilt den Menschen nicht (Joh 8,11) und fordert dazu auf, auch über andere nicht zu richten (Mt 7,1). Die Einsicht, dass es richtig ist, weder über andere noch über sich selbst zu urteilen, verhindert aber nicht, dass Urteile trotzdem in uns aufsteigen. Sie sind da, ob wir es wollen oder nicht. Der meditative Umgang mit den Bewertungen und Urteilen ist der, sie wahrzunehmen, jedoch nicht, mit der Aufmerksamkeit bei ihnen zu bleiben. Man wendet sich von dem Urteil ab und achtet stattdessen auf das, was *noch* da ist. Dieser Verzicht, zu urteilen bzw. nicht bei einem Urteil zu bleiben, befreit die festgefahrene Aufmerksamkeit und ermöglicht den Kontakt mit der stets neuen Gegenwart. Ich erkenne dabei an, dass meine Urteile begrenzt sind.

Ich lasse mich von Moment zu Moment auf die Gegenwart ein

Wir sind die Treibenden.
Aber den Schritt der Zeit,
nehmt ihn als Kleinigkeit
im immer Bleibenden.

Alles das Eilende
wird schon vorüber sein;
denn das Verweilende
erst weiht uns ein.[14]
(Rainer Maria Rilke)

Achtsamkeit ist die Tür, die ins Leben führt. Sie verbindet uns mit dem Fluss des Lebens, das sich von Augenblick zu Augenblick ereignet. Der Lebensfluss und alles Seiende ist in beständiger Bewegung und in ständiger Veränderung. Achtsamkeit ist also kein statischer Zustand. Sie ermöglicht es, bewusst wahrzunehmen, dass man nicht zweimal in den gleichen Fluss steigen kann, dass kein Morgen dem anderen gleicht, dass jeder Tag neu ist und jede Meditation eine neue Erfahrung in sich birgt. Sie offenbart das Urgeheimnis der Zeit, dass alles Geschehen einmalig ist (nach Martin Buber).

In der achtsamen Haltung lässt man sich von Moment zu Moment auf das jeweils Gegenwärtige ein. In der Meditation erfahren wir dabei, wie viel sich in uns bewegt, wie ein Gedanke den anderen ablöst, wie sich eine Stimmung aufdrängt und wieder verblasst und wie sich z.B. unvermittelt inmitten vieler Gedanken eine Ruhe einstellen kann. Der Mensch muss und darf die Erfahrung machen, dass nichts bleibt, wie es ist. Er erfährt, dass er einem beständigen Wandel unterworfen ist. Gleichzeitig kann er durch eine immer neue Hinwendung zur Gegenwart in das Geheimnis geführt werden, dass bei all dem ‚Treibenden‘, was er erlebt, ein gleichzeitig immer ‚Bleibendes‘ ihn trägt.

1.2 Ein Beispiel

Versag dir nicht das Glück des heutigen Tages; an der Lust, die dir zusteht, geh nicht vorbei!
(Sir 14,14)

Der Mann mit der Violine

An einem kalten Januarmorgen 2007 betritt ein junger Mann in Jeans, langärmeligem T-Shirt und Baseballkappe in Washington eine U-Bahn-Station in der Nähe eines belebten Büroviertels. Viele Menschen sind unterwegs, die meisten auf dem Weg zur Arbeit. Der junge Mann holt eine Geige hervor, legt den Geigenkasten vor sich hin und beginnt zu spielen. Es dauert ein paar Minuten, bis der erste Passant den Geiger bemerkt. Er verlangsamt seinen Schritt für ein paar Sekunden, aber er unterbricht seinen Weg nicht. Kurz darauf wirft eine Frau den ersten Dollar in den Geigenkasten, aber auch sie bleibt nicht stehen. Ein junger Mann hält inne, um zuzuhören, und lehnt sich an die Wand. Aber nach einem kurzen Blick auf seine Uhr geht er abrupt weiter. Der Geiger spielt und spielt, fast eine Dreiviertelstunde Stücke von Bach, Schubert und anderen Komponisten klassischer Musik. Zum Schluss bleibt eine Frau mit einem Plastikbeutel stehen, erst ungläubig, dann bewundernd. Sie hat den Mann erkannt. Es ist Joshua Bell, einer der besten Musiker unserer Zeit. Mehr als tausend Menschen sind an ihm vorbeigekommen. Weniger als zehn Menschen sind stehengeblieben, um ihm für kurze Zeit zuzuhören. Etwa 25 Passanten warfen ihm im Vorübergehen eine Münze in den Geigenkasten. Es kamen etwas mehr als 32 Dollar zusammen. Er spielte unter anderem eines der komplexesten und schwierigsten Musikstücke: die „Chaconne in d-Moll“ von Johann Sebastian Bach. Die Geige, mit der er spielte, war 3,6 Millionen Dollar wert. Ein paar Abende zuvor hatte Joshua Bell vor ausverkauftem Haus in Boston das gleiche Konzert gegeben. Die Karten kosteten durchschnittlich 100 Dollar.

Sein Auftritt in der U-Bahn-Station war ein Experiment. Die Zeitung „Washington Post“ hatte es in Auftrag gegeben. Die Redaktion interessierte die Frage, ob Menschen Schönheit auch in einem ganz alltäglichen Umfeld und während einer unangemessenen Zeit wahrnehmen. Ob sie die Besonderheit einer Situation in einem unerwarteten Kontext erkennen. Und ob sie sich in einem routinierten Tagesablauf vom Augenblick berühren lassen.

Dieses Beispiel einer „verpassten Achtsamkeit“ zeigt, wie schwierig es oft ist, im Alltag von seinem gewohnten Ablauf abzusehen, um stattdessen für Überraschungen offen zu sein.

1.3 Die Gefahr, sich von einem beständigen Zeit- und Leistungsdruck bestimmen zu lassen

Eigentlich bin ich ganz anders. Ich komme nur so selten dazu.
(Ödön von Horváth)

Zeit- und Leistungsdruck engen den Blick ein. Man achtet vor allem auf das, was man erreichen will, und alles, was dazwischenkommt, wird schnell als Störung empfunden. Der innere Druck kann dazu führen, dass man z. B. die Mitmenschen nur noch unter dem Aspekt sieht, ob sie einem dabei nützlich oder hinderlich sind, sein angestrebtes Ziel zu erreichen. Ob man es will oder nicht, ob man es merkt oder nicht, unter diesem Druck schwindet nicht nur die Lebensfreude, auch das zwischenmenschliche Miteinander wird stark beeinträchtigt. Stress beschleunigt in der Regel alles: die Wahrnehmung, das Denken und das Tun. Die Aufmerksamkeit ist entsprechend schnell und sprunghaft. In einer lang anhaltenden ausgeprägten Form führen Zeit- und Leistungsdruck zu „Burn-out-Symptomen". Man funktioniert nur noch und ist bemüht, die Anforderungen, die an einen gestellt sind oder die man an sich selber stellt, zu erfüllen. Der Kontakt mit den eigenen Bedürfnissen und Gefühlen geht verloren; man nimmt sie kaum noch wahr. Der bayerische Komiker Karl Valentin drückt diesen Zustand in einer humorvollen Hoffnung aus: „I tat mi morg'n gern b'sucha – hoffentlich bin i dahoam." Um bei sich anzukommen und bei sich selbst zuhause zu sein, ist es notwendig, vom Leistungsdruck abzuschalten. Ansonsten habe nicht ich den Leistungsdruck, sondern der Leistungsdruck hat mich. Er verhindert es, so zu sein, wie ich eigentlich bin.

Auch in der Meditation kann sich ein Leistungsanspruch einschleichen. Man überspringt seine eigene Realität und strengt sich an, um einen bestimmten Zustand in sich zu erreichen. Spiritueller Stress in der Meditation entwickelt sich mit dem Leistungsanspruch, möglichst störungsfrei, immer tiefer und zügig voranzuschreiten. Er kann verhindern, dass man sich sogar in der Meditation nicht erlaubt, „so zu sein, wie man eigentlich ist".

Der Ausweg

Halt an, wo läufst du hin? Der Himmel ist in dir; suchst du Gott anderswo, du fehlst ihn für und für.
(Angelus Silesius)

Ein bewusstes Innehalten ist der erste Schritt, der es ermöglicht, aus einem beständigen „Beschäftigt-Sein" herauszutreten und sich von einer anderen Wirklichkeit berühren zu lassen. Silesius möchte mit seiner Frage: „Halt an, wo läufst du hin?", den Menschen in seiner tieferen Sehnsucht berühren. Seine Frage könnte auch lauten: „Halt an, worum bemühst du dich in deinem Leben? Um was geht es dir? Was suchst du eigentlich zutiefst?" Die Antwort wird unterschiedlich ausfallen: Liebe, Glück, Sicherheit, Frieden, Geborgenheit, Klarheit und Freude. Wenn man es gefunden hat, so ist dies der Himmel. Silesius sagt auch gleich, wo dieser zu finden ist: „Der Himmel ist in dir". Jesus hat die gleiche Botschaft mit anderen Worten ausgedrückt: „Das Reich Gottes ist in euch" (Lk 17,21). Dies ist im wahrsten Sinne des Wortes eine unglaubliche Botschaft. Denn oftmals ist es naheliegender für uns, den Himmel, d.h. das Glück, die Freude, die Liebe, in der Außenwelt zu suchen bzw. in einem anderen Menschen. „Wenn dieses oder jenes so und so wäre oder diese oder jener sich so und nicht so verhielte, ja das wäre dann der Himmel für mich." Die Außenwelt kann uns darin unterstützen, Freude und Frieden zu erfahren. Doch der Friede und die Freude sind trotzdem nicht in den äußeren Umständen zu finden und auch nicht in einem anderen Menschen. Denn „die Freude steckt nicht in den Dingen, sondern im Innersten unserer Seele" (Therese von

Lisieux). Die Verheißung, dass all das, was wir zutiefst suchen, bereits in uns ist, ermutigt dazu, immer wieder innezuhalten und sich auf diese innere Suche einzulassen.

In der Meditation lässt sich der Mensch bewusst auf diese innere Suchbewegung ein. Das Bemühen, achtsam und gegenwärtig zu sein, öffnet ihn für die eigene Gegenwart, für das eigene Dasein. Es existiert unabhängig von den Gedanken, die er sich macht, und dem Leistungsvermögen, das er besitzt. Im einfachen und absichtslosen Dasein erfährt der Mensch, dass er sein Leben nicht erst verdienen muss. Es ist ihm bereits geschenkt. Er kann zu einem wahrhaftigeren Selbstbild finden, das nicht von äußeren Gegebenheiten abhängig ist.

1.4 Mögliche Missverständnisse

Ich sollte keine Gedanken haben

Die Vielzahl unserer Gedanken entscheidet oftmals darüber, wie wir unsere Meditation bewerten. Man meint, sie sei dann gut, wenn man es geschafft hat, möglichst wenig Gedanken zu haben. Beginnt man jedoch zu meditieren, wird einem oftmals in der Stille erst bewusst, wie viele Gedanken da sind oder einfach kommen, obwohl man sie nicht will, weil sie in diesem Moment weder nötig noch nützlich sind. Versucht man nun, die Gedanken zu bekämpfen, sie zu unterdrücken oder durch Techniken irgendwie zu reduzieren, rücken sie ins Zentrum der Aufmerksamkeit und man bleibt in der Meditation ziemlich mit ihnen beschäftigt. Man befindet sich in einer Haltung des Machens und des Erreichen-Wollens, wenn man versucht, Störungen zu beseitigen oder zu reduzieren. Für den meditativen Weg ist es aber wesentlich, sich für eine Haltung des Geschehen-Lassens und des Gewähren-Lassens zu öffnen.

Diese nehme ich z. B. ganz natürlich ein, wenn ich in einem Straßencafé die Zeitung lese. Ich lasse die Geräuschkulisse, die ich dort vorfinde, gewähren: die vorbeifahrenden Autos, die Stimmen der anderen Gäste, das Klappern von Geschirr oder die Musik, die im Hintergrund spielt. Ich weiß, dass diese Geräusche zu einem Straßencafé gehören. Ich nehme sie wahr, wende meine Aufmerksamkeit jedoch der Zeitung zu. Je mehr ich mit meiner Aufmerksamkeit bei der Zeitung bin und mich dafür interessiere, was ich lese, desto mehr wird die Geräuschkulisse, die nach wie vor da ist, in den Hintergrund meines Bewusstseins treten. Genauso soll der Umgang mit den Gedanken in der Meditation sein. Es ist normal, dass Gedanken kommen. Der Verstand, der Teil meiner menschlichen Realität ist, drängt danach, Probleme zu lösen, zu planen und zu analysieren. Hinter all den Gedanken steht meine Lebensgeschichte, von der ich mich nicht einfach abtrennen kann und auch nicht abtrennen muss. Ich lasse gewähren, dass die Gedanken da sind. Meine Aufmerksamkeit und mein Interesse gelten jedoch der Wahrnehmung meiner Hände und dem Namen Jesu. Ich achte darauf, was ich wahrnehme, wenn ich bei den Händen und beim Namen bin und wie ich dieses schlichte Dabeisein erfahre.

Oft können wir uns nicht vorstellen, dass mit dem Gewähren-Lassen dessen, was man eigentlich nicht will, Wandlung möglich ist. Doch der Verzicht darauf, selbst einzugreifen, ermöglicht es, dass Wandlung geschieht: Ich bin nicht mehr mit meinen Gedanken beschäftigt, sondern sie treten in den Hintergrund; die Erfahrung der

Gegenwart und des Namens Jesu rücken ins Zentrum des Bewusstseins.

Ich wende mich, möglichst schnell, gleich zu Gott

Das Glück verfolgt mich, doch ich bin immer schneller. (Unbekannt)

Die Tendenz, im Alltag die Dinge zügig voranzubringen, kann ebenso in die Meditation hineinwirken. Man übergeht z.B. die Wahrnehmung seines Körpers und achtet nicht auf sein Befinden. Der Weg zu Gott beginnt bildlich gesprochen jedoch mit einem „Hinabsteigen in die eigene Wirklichkeit“ (Anselm Grün). Der Schatz, den es zu finden gilt, ist nicht hoch im Himmel, sondern vergraben im Acker (Mt 13,44), auf dem Boden meiner menschlichen Realität. Hier betrete ich einen Bereich, in dem ich nichts mehr forcieren kann. So wie ich auch die Zärtlichkeit nicht forcieren kann, indem ich jemanden schneller streichle, oder das Wachsen eines Kindes nicht beschleunige, indem ich an seinen Gliedmaßen ziehe. Ebenso wenig kann ich schnell achtsam sein, um dem Göttlichen umso schneller näher zu kommen. Auch die Liebe, die in uns zur Entfaltung kommen möchte, soll nicht gestört und nicht geweckt werden, bis es ihr selbst gefällt (Hohelied 2,7). Ich komme also auf meinem Weg zu Gott nicht schneller voran, wenn ich mich selbst überspringe. Die Gefahr wäre ansonsten groß, dass meine Bemühungen auf dem spirituellen Weg in der Luft hängen bleiben und ich nicht vorankomme.

Ich möchte dies mit einem Bild veranschaulichen: Wenn ich ein Hollandfahrrad, das ja zwei Ständer hat, aufstelle, so stehen beide Räder in der Luft. Wenn ich nun auf das Fahrrad steige und sogleich beginne zu treten, weil ich schnell vorankommen möchte, aber dabei die Fahrradständer nicht einklappe, werde ich nicht vom Fleck kommen, auch wenn ich immerzu in die Pedale trete. Das Hinterrad dreht sich zwar, vielleicht sogar sehr schnell – jedoch nur in der Luft. Ich muss, um vorwärtszukommen, zuerst beide Räder auf den Boden stellen. Wenn ich nun auf das Fahrrad steige und anfange zu treten, wird es sich fortbewegen. Ebenso muss auch ich zuerst auf dem Boden meiner Realität stehen und mir hierfür die Zeit zugestehen, um mich selbst wahrzunehmen, so wie ich jetzt vor Gott bin. Nur auf dem Boden meiner menschlichen Realität kann Wandlung geschehen. Meine Bemühungen in der Meditation werden auf guten Boden fallen, wenn ich sie damit beginne, zunächst mich selbst wahrzunehmen. Ich brauche jedoch auch Mut, um tatsächlich „zu mir selbst hinabzusteigen", und Demut, um über die eigenen Schwächen nicht betrübt und bekümmert zu werden. Mut ist ja bereits in dem Wort Demut enthalten. Der gemeinsame Ursprung mit dem Begriff „Humus" (Erde) weist darauf hin, dass es den Kontakt und die Verbindung zum Boden braucht, damit sich die „humilitas", die Demut, im Menschen entwickeln kann. Demut bedeutet nicht, den Kopf hängen zu lassen und sich jämmerlich schlecht zu fühlen, weil man so unvollkommen ist. Im Gegenteil: Am hl. Franziskus, der ein zutiefst demütiger Mensch war, kann man die Frucht wahrer Demut erkennen: tiefe Lebensfreude, Einfachheit, Gelassenheit und ein großer innerer Friede mit einer Anziehungskraft, die bis heute die Menschen berührt.

Es zählt nur das Jetzt

Die Betonung der Wichtigkeit, achtsam zu sein für das jeweils Gegenwärtige, kann zu dem Missverständnis führen, dass es einzig und allein darauf ankommt, das Hier und Jetzt zu leben und alles andere als unwichtig zu bewerten. Vergangenes und Zukünftiges hätten bei dieser Sichtweise keine Bedeutung. Dies wäre ein Missverständnis. Planungen und Vorkehrungen für die Zukunft sind vonnöten, wie auch ein verantwortungsvoller Umgang mit der Vergangenheit, wenn das Leben gelingen soll. Der Blick zurück kann zu einem tieferen Verständnis für das eigene Leben führen. Alles hat seine Stunde. Für jedes Geschehen unter dem Himmel gibt es eine bestimmte Zeit (Koh 3,1). In der Meditation ist die Zeit, sich der Gegenwart zuzuwenden und mit seinen Gedanken nicht in der Vergangenheit oder der Zukunft zu bleiben.

Problematisch wird es, wenn das Interesse und die Aufmerksamkeit auf das Hier und Jetzt durch Zukunftsängste oder durch Erlebnisse der Vergangenheit blockiert werden. Hier hilft es nicht, sich von diesen Gedanken abzuwenden, denn es drängt sich bereits der nächste zum gleichen Thema auf. Dies ist ein Hinweis dafür, dass tieferliegende Gefühle zum Vorschein kommen wollen, um ins Bewusstsein integriert zu werden. Wenn man keinen Abstand zu dieser bedrängenden Gedankenflut findet, kann ein Gespräch mit einer vertrauten Person helfen, sie auszudrücken. Dies wirkt entlastend und ermöglicht eine erste Distanz.

Erst wenn eine gewisse Distanz zu den Gedanken gegeben ist, die sich beständig um ein gleiches Thema drehen und uns immer wieder in die Vergangenheit oder in die Zukunft führen, kann der meditative Umgang mit ihnen gelebt werden. Dabei ist darauf zu achten, welches Gefühl die stets wiederkehrende Gedankenflut begleitet. Es kann z. B. sein, dass die Quelle all dieser Gedanken eine verdeckte Sorge in mir ist. Solange ich sie nicht wahrnehme, habe ich einen Teil meiner augenblicklichen Realität nicht in den Blick genommen. Die unbewusste Sorge wird versuchen, sich immer wieder neu ins Bewusstsein zu drängen. Indem ich sie für einen Augenblick wahrnehme, entsteht eine erste kleine Distanz zu ihr. Ist es möglich, in diesen besorgten Zustand ein „okay, so ist es im Moment" hineinzugeben, bin ich mit meiner inneren Realität in Einklang und es kann in mir ruhiger werden.

1.5 Heilende Auswirkungen

Selbstdistanz

Die achtsame Selbstwahrnehmung erhöht und schult die Sensibilität für das eigene Empfinden und schafft eine Distanz zu seinen Gefühlen. Diese Distanz ermöglicht es, auf sein Verhalten bewusst Einfluss zu nehmen. Wenn jemand jedoch sein inneres Erleben nur sehr reduziert oder gar nicht wahrnimmt, bleibt er in seinen Gefühlen gefangen. Ich möchte dies an einem Beispiel veranschaulichen.

Ich war einmal zu Besuch bei einer Freundin. Ihr Mann kam ins Zimmer und fing an, ungeduldig eine Schublade nach der anderen zu durchwühlen. Meine Freundin fragte: „Warum bist du so ungeduldig?" „Ich bin nicht ungeduldig!", erwiderte der Ehemann voller Ärger und schlug die Schublade zu. Der Ehemann hatte nicht gelogen. Er war sich seiner Ungeduld in diesem Augenblick nicht bewusst. Er wies von sich, was er selbst bei sich nicht wahrgenommen hatte. Sein Verhalten wurde weiterhin unbewusst von seiner Ungeduld bestimmt. Hält man jedoch inne, um die eigenen Empfindungen einen Moment wahrzunehmen, ist man in unmittelbarem Kontakt mit sich selbst. Die achtsame Haltung weitet das Bewusstsein für die eigenen Empfindungen. Indem Gefühle wahrgenommen werden, verlieren sie an Intensität. Wenn der Ehemann einen Moment seine Ungeduld in den Blick nimmt, wird er zwar nicht unmittelbar geduldig werden, sie wird jedoch eine Spur geringer. Es entsteht ein Abstand zwischen ihm und dem wahrgenommenen Gefühl. Er ist diesem Gefühl also nicht mehr distanzlos ausgeliefert. Gleichzeitig entsteht mit diesem Abstand ein Raum zwischen Wahrnehmung und Reaktion, der es ermöglicht zu entscheiden, *wie* man sich *mit* dem Gefühl weiter verhält. Der Ehemann könnte sich z.B. dazu entschließen, seine Suchaktion zu verschieben oder sie zumindest für fünf Minuten zu unterbrechen, um zu überlegen, wo der gesuchte Gegenstand noch sein könnte, oder das Fenster zu öffnen, um dreimal tief durchzuatmen und dann weiterzusuchen, oder mit seiner Frau zu sprechen, die vielleicht auch die eine oder andere Idee hat, wo noch gesucht werden könnte. Die achtsame Selbstwahrnehmung ermöglicht also Nähe, den unmittelbaren Kontakt zu sich selbst, und zugleich Distanz, weil man seinen Gefühlen nicht verhaftet bleibt: Man nimmt wahr, dass man dieses oder jenes Gefühl *hat* – jedoch auch, dass man dieses Gefühl nicht *ist*: Ich *habe* eine Ungeduld. Ich *bin* jedoch nicht die Ungeduld! Sie ist nur ein Teil meiner augenblicklichen Realität, der mich jedoch nicht mehr vollständig bestimmt. Die Selbstdistanz ermöglicht es, dass sich der Meditierende nicht mit seinen Gefühlen verstrickt, sondern berührbar bleibt für die Gegenwart Gottes.

Lebendigkeit

Die Ehre Gottes ist der lebendige Mensch.
(Irenäus von Lyon)

In der Regel verbindet man mit einem lebendigen Menschen jemanden, der aktiv ist und sehr viel zu leisten vermag. Seine äußeren Aktivitäten müssen jedoch nicht unbedingt Ausdruck einer inneren Lebendigkeit sein. Ein großer Leistungsdruck kann die innere Lebendigkeit sogar blockieren, indem man nicht mehr auf die eigenen Bedürfnisse und das eigene Befinden achtet, sondern fixiert ist auf das, was man erreichen und schaffen will bzw. muss. Die Achtsamkeit befreit von dieser Fixierung. Hier weitet sich der Wahrnehmungsbereich. Der Mensch öffnet sich für das, was im Moment da ist. Diese Öffnung ermöglicht, Neues an sich herankommen zu lassen und somit auch Neues zu lernen. Der Mensch bleibt in beständiger Tuchfühlung mit dem Leben, das um ihn herum pulsiert. „Der gegenwärtige Augenblick, das Jetzt, ist der einzige Augenblick, in dem wir wirklich leben. Vergangenes ist vorüber, Zukünftiges noch nicht geschehen. Nur die Gegenwart steht uns zum Leben zur Verfügung. Das Jetzt ist die einzige Möglichkeit, die wir haben, um wirklich zu sehen, wirklich zu handeln, wirklich heil und gesund zu werden. Deshalb ist jeder Moment so unendlich kostbar."[15]

In der Meditation ist der Mensch in einer achtsamen Haltung inwendig dem Leben zugewandt, das in ihm selbst pulsiert. Er ist somit auch dem Geist Gottes zugewandt, der in ihm wohnt (1 Kor 3,16), der Leben schenkt und beständig neues Leben schafft. Die achtsame Haltung, die er sich gegenüber einnimmt, erweitert und vertieft seine

Wahrnehmung für das, was in ihm liegt. Paulus fordert den jungen Timotheus auf, die ihm gegebene Gabe nicht zu vernachlässigen (1 Tim 4,14; 2 Tim 1,6). Jesus ruft uns im Gleichnis von den Talenten dazu auf, diese nicht zu vergraben, sondern mit ihnen zu arbeiten (Mt 25,14–30). In der achtsamen Haltung können die im Menschen liegenden Talente und Gaben mehr und mehr ins Bewusstsein treten, was ihre Entfaltung überhaupt erst ermöglicht.

Der Meditierende ist jedoch in der achtsamen Haltung auch dem zugewandt, was belastend und bedrückend in sein Leben hineinwirkt. Indem er dies aber nicht wegschiebt und unterdrückt, kann Wandlung in ihm geschehen. Schmerzhaftes eliminieren zu wollen führt nur zum Verlust der inneren Lebendigkeit und Freude. Mit einer inneren Abwehrhaltung entstehen innere Blockaden, die die Lebensenergie nicht mehr frei fließen lassen. Es muss viel Lebenskraft dafür aufgebracht werden, diese Blockaden zu halten. Man kann das Unterdrücken von unangenehmen Gemütszuständen mit einem Menschen vergleichen, der beim Schwimmen versucht, einen Ball unter Wasser zu halten. Er braucht dafür so viel Kraft, dass er kaum mehr schwimmen kann. Ebenso verliert er bei der Abwehr unangenehmer Gefühle die Energie, die er zur täglichen Lebensbewältigung benötigt. Seine Lebendigkeit wird entsprechend blockiert.

In der Meditation öffnet sich der Mensch sowohl dem Licht als auch dem Schatten. Die Ehre Gottes (Irenäus von Lyon) ist jener Mensch, der die Fülle des Lebens in sich entdeckt und zur Entfaltung bringt – und im Namen Gottes dem begegnet, was ihn belastet und am Leben zu hindern versucht.

Aufnahmefähigkeit für andere Wirklichkeiten

Die leisen Kräfte sind es, die das Leben tragen.
(Romano Guardini)

Eine achtsame Haltung weitet den Blick. Der Mensch nimmt verfeinert auf, was jetzt da ist. Diese Aufnahmefähigkeit ist für die Meditation wesentlich, da sie für andere Wirklichkeiten öffnet, die über den Menschen hinausgehen. Die Aufnahmefähigkeit ist jedoch auch für die zwischenmenschlichen Beziehungen wesentlich. Ich möchte dies mit einem Beispiel aus der Praxis verdeutlichen: Als Sozialpädagogin treffe ich in den Familien oftmals auf vielschichtige Problemlagen: meistens alleinerziehende Mütter, die mit ihrer Lebenssituation überfordert sind, Arbeitslosigkeit, Suchtproblematiken, Schulden, Unvermögen, mit wenig Geld gut hauszuhalten, Beziehungsproblematiken mit den Vätern, verhaltensauffällige Kinder. Diese Schwierigkeiten drängen sich natürlich in den Vordergrund. Meine Aufgabe ist es, sie zu erkennen und gezielt nach Lösungsmöglichkeiten zu suchen. Trotzdem würde ich der Familie nicht gerecht werden, wenn ich nur auf die Probleme schauen würde. Denn da ist z. B. auch die Hoffnung der jungen Mutter, mit ihrer Situation doch zurechtzukommen; die Liebe zu ihrem Kind, auch wenn sie seine Bedürfnisse nicht ausreichend wahrnehmen kann; die Freude über Fortschritte, die ihr Kind macht, und vor allem die große Liebe des Kindes zu seiner Mutter. Diese verdeckten und verschütteten Ressourcen der Familie sind neben all den Problemen ebenso da. Meine Aufgabe ist es, diese oftmals verdeckten Ressourcen zu mobilisieren, indem ich sie stellvertretend für die Mutter wahrnehme und ihr wieder bewusst mache, dass diese Stärken in ihr sind. Ich habe immer wieder erfahren, dass gerade diese stillen Ressourcen, wenn sie ans Licht kommen, einer Familie viel Kraft und Mut geben, so dass sie es wagt, ihren Schwierigkeiten zu begegnen und sie konstruktiv zu lösen.

Genauso ist es in der Meditation: Auch hier gilt es, trotz der Gedanken, die sich aufdrängen und in den Vordergrund schieben, auf das Leise zu achten, das ebenso da ist. Ohne das achtsame Lauschen darauf würde man nur die Schwierigkeiten wahrnehmen. In der achtsamen Haltung bleibt man jedoch nicht auf diese fixiert, sondern öffnet sich für das, was auch *noch* da ist.

Letztlich folgt der Mensch mit einer achtsamen Haltung der Einladung, auf die leisen Töne zu achten. So wie Elija, der Gott sucht und am Berg Horeb erfährt, dass sich Gott nicht im Sturm, nicht im Erdbeben und nicht im Feuer offenbart, sondern im sanften, leisen Säuseln (1 Kön 19,1–13). Die achtsame Haltung öffnet und sensibilisiert das Bewusstsein für andere Wirklichkeiten, die dem Menschen ansonsten verschlossen bleiben könnten.

2. Zugewandte Haltung: Ausrichtung auf Gott[16]

Ich bin der Weinstock, ihr seid die Reben. Wer in mir bleibt und in wem ich bleibe, der bringt reiche Frucht; denn getrennt von mir könnt ihr nichts vollbringen.
(Joh 15,5)

Menschen richten ihr Leben auf Gott hin aus und beten in der Hoffnung, dass sich ihre Bemühungen und ihre Gebete zu Gott segensreich auf ihr Leben auswirken. Mit dem Bild vom Weinstock und von den Reben weist Jesus den Weg, *wie* dies geschehen kann: In der Verbindung mit dem Weinstock, d.h. in der Hinwendung zu Gott fließt dem Menschen jene Kraft zu, die er für ein fruchtbares Leben braucht.

Man geht oftmals wie selbstverständlich davon aus, dass jemand, der meditiert, das Göttliche sucht und auf Gott ausgerichtet ist. Dies muss jedoch nicht unbedingt so sein. Jemand kann in der Meditation ebenso auf die Früchte ausgerichtet sein, d. h. auf das, was er haben und erreichen möchte. Man betet, damit Gott das macht und bewirkt, was man sich wünscht. In dieser Haltung sind die eigenen Wünsche im Zentrum, die Gott erfüllen soll. Man schaut auf die Gaben und vergisst darüber hinaus den Geber selbst. Ein Mann erzählte mir einmal, dass es ihm während der Meditation so geht wie jemandem nach einer Mandeloperation. Er schaut nur darauf, wann endlich das kühlende Eis kommt. Er vergisst dabei völlig jenen, der ihm das Eis bringen kann und der vor allem noch immer da ist, wenn er das Eis bereits gegessen hat.

In aller Regel ist der Mensch gewohnt, sich für das einzusetzen, was er haben und erreichen möchte. Dieses Bestreben kann sich auch in der Meditation zeigen. Wenn der Meditierende sein Bemühen auf die Gaben ausrichtet, endet der Weg jedoch in einer Sackgasse, sei es in der Sackgasse der Unzufriedenheit, wenn er durch seine Bemühungen nicht bekommen hat, was er erreichen wollte, oder in der Sackgasse der Selbstzufriedenheit und des Stolzes, wenn er es erreicht bzw. erhalten hat. In der Meditation ist eine komplette Umorientierung notwendig. Hier bestimmt nicht mehr der Mensch, was wann und in welcher Weise zu geschehen hat. Er überlässt sich der Führung Gottes. Diese ungewohnte Haltung befreit den Menschen von dem Leistungsdruck, die ersehnten Früchte durch eigene Anstrengung hervorbringen zu müssen. Man muss also auch die Hindernisse, die sich während der Meditation zeigen (z. B. Gedanken, Unruhe, Ungeduld) und die so konträr zu den ersehnten Früchten stehen (z. B. Ruhe, Freude, Gelassenheit), nicht selbst aus dem Weg schaffen. Die Neuorientierung besteht darin, dass sich der Meditierende weder mit seinen Zerstreuungen und Gefühlen noch mit seinen Wünschen beschäftigt, sondern seine Aufmerksamkeit ganz schlicht auf die konkrete Wahrnehmung der Hände richtet. Mit dieser Wahrnehmung bleibt er der Gegenwart zugewandt und spricht in diese Gegenwart lauschend den Namen Jesu Christi. Auf diesem inneren Weg verhilft eine kurze Frage zu einer klaren Orientierung: „Wo bin ich mit meiner Aufmerksamkeit?“ Die Antwort lässt mich erkennen, ob ich um mich selber kreise oder mit meiner Aufmerksamkeit beim Namen Jesu bin, ob ich selbst etwas zu erreichen oder zu verändern versuche oder ob ich mich mit allem, was sich in mir zeigt, Gottes Gegenwart überlasse. In der Kontemplation steht die Suche nach Gott im Zentrum. Man vertraut darauf, dass man alles andere, was man für sein Leben braucht, dazubekommt (Mt 6,33).

Die Hinwendung zu Gott hat unterschiedliche Ausdrucksformen. Eine Weise findet auf der intellektuellen Ebene statt. Man setzt sich z.B. intensiv mit religiösen Inhalten auseinander. Trotzdem kann es sein, dass die intellektuelle Beschäftigung mit diesen Themen im konkreten Alltag keine Rolle spielt, weil man Gott in sein Leben nicht miteinbezieht. Eine andere Weise der Hinwendung drückt sich über die Absicht aus. Der Mensch will z.B. achtsam sein für Gottes Gegenwart und für seine Schöpfung. Diese Absicht erneuert er jeden Tag. Auch wenn er sie nur bruchstückhaft realisiert, werden die Bemühungen, die daraus resultieren, in sein Leben und in seine Beziehungen greifen und ein Einfallstor für Gottes Wirken sein. Die Aussage des hl. Benedikt beschreibt die beständig Gott zugewandte Haltung: „In der Gegenwart Gottes wandeln". In der Meditation „wandle ich in der Gegenwart Gottes", wenn ich über die Wahrnehmung meiner Hände mit meiner aktuellen Aufmerksamkeit mit der Gegenwart und dem Namen „Jesus Christus" verbunden bin. Immer wenn ich rückblickend jedoch erkenne, dass ich nicht auf Gott ausgerichtet war, obwohl es meine Absicht war, kann ich mit dem Vertrauen weiterhin Gott zugewandt bleiben. Man muss nicht verzagen, sondern „wenn die Nacht kommt und der Rückblick zeigt, dass alles Stückwerk war und vieles ungetan geblieben ist, was man vorhatte, dann alles nehmen, wie es ist, es in Gottes Hände legen und ihm überlassen" (Edith Stein). Diese vertrauensvolle Hinwendung zu Gott entlastet und befreit, wenn unsere Bemühungen misslungen sind.

In der Theologie wird die Gott zugewandte Haltung als Hingabe bezeichnet. Das ist ein Begriff, der in unserer Zeit für viele eher befremdlich wirkt. Unterschiedliche Befürchtungen können bei diesem Begriff mitschwingen: man müsse seine Persönlichkeit aufgeben, sich unterwerfen oder blinden Gehorsam leisten. Tatsächlich handelt es sich aber um eine innere Haltung, bei der man mit seiner Aufmerksamkeit nicht an seinem eigenen Ich haften bleibt. Man lebt nicht für sich selbst, sondern wendet sich Gott zu und ist bereit, ihm und seiner Schöpfung zu dienen. Die Hingabe an Gott kann sich durch Worte und mit Taten ausdrücken, in der Kunst und Literatur ebenso wie in der Musik. In der Meditation lebt man die Hingabe nicht mit Worten oder Taten, sondern mit seinem Sein, indem man nicht an sich selbst festhält, d. h. an seinen Gedanken, Gefühlen oder Wünschen, sondern sich so, wie man ist, der Gegenwart und dem Namen, dem göttlichen Du, übergibt und überlässt. In dieser Hingabe, in der man nichts für sich selbst erreichen muss, öffnet sich der Mensch für die göttliche Dimension. „Fast alle geistlichen Begleiter und Lehrer des Gebetes sowie die Menschen, die über ihre tiefen Gebetserfahrungen sprechen, stimmen darin überein, dass nur durch Hingabe die Seele imstande ist, sich dem göttlichen Wesen zu nähern, um mit Ihm vereint zu werden.“[17] Mit einer erfolgs- und nutzorientierten Sichtweise erscheint diese Haltung widersinnig. Man kann nicht verstehen, wie man in der Hingabe an ein Du auf dem Weg zu seinem wahren Wesen ist. Man betrachtet es vielmehr als verschwendete Zeit, die keinen eigenen Vorteil bringt. Es liegt darin tatsächlich ein Geheimnis, von dem Martin Buber sagt: „Ich werde am Du; Ich werdend spreche ich Du."[18] Der Verstand vermag dieses Geheimnis nicht zu erfassen. In der zugewandten Haltung kann man von diesem Geheimnis berührt und zu seinem göttlichen Wesenskern geführt werden.

2.1 Die konkreten Schritte, die in die Ausrichtung auf Gott führen

Ich trete bewusst mit Gott in Beziehung

„Wo wohnt Gott?" Mit dieser Frage überraschte der Kozker einige gelehrte Männer, die bei ihm zu Gast waren. Sie lachten über ihn: „Wie redet Ihr! Ist doch die Welt seiner Herrlichkeit voll!" Er aber beantwortete die eigene Frage: „Gott wohnt, wo man ihn einläßt." (Martin Buber)[19]

Teresa von Avila betont: „Christ-Sein ist […] in erster Linie eine Beziehung." Die Beziehung zu mir ist die Basis für die Begegnung und für die Beziehung zu anderen. Ich trete zu Beginn der Meditation in Beziehung zu mir selbst, d. h. konkret, dass ich mich selbst wahrnehme (siehe Kapitel 1). So wie ich jetzt bin, wende ich mich zu Gott. „Ich bringe nichts mit als mich selbst" (Silja Walter). Ich kann auch zum Ausdruck bringen, wie es mir im Augenblick geht und was mich bewegt. Dies kann mich darin unterstützen, bewusst meine augenblickliche menschliche Realität in den Blick zu nehmen und mich so, wie ich bin, in Gottes Gegenwart zu stellen.

Eine Beziehung kann man nicht üben. Sie wird gelebt und geschieht, indem ich mich einem anderen Menschen zuwende, ihn anspreche und aufnehme, was von ihm kommt. Die Beziehungsaufnahme zu Gott geschieht in gleicher Weise. Da die Beziehung zu Gott etwas sehr Intimes ist, wird hier keine Anrede vorgegeben. Jeder spricht Gott oder Jesus mit den Worten an, die für ihn stimmig sind. Diese Hinwendung mit meinen Worten ist Ausdruck für meine Bereitschaft, mich auf Gott einzulassen und ihm in meinem Dasein Raum zu geben. Es liegt darin ein Ja für die Beziehung zu ihm. Wie bei einem Paar, das gemeinsam durchs Leben gehen will, ist dieses Ja auch in der Beziehung zu Gott wichtig. Gott lässt dem Menschen die Freiheit, sich ihm zuzuwenden oder sich von ihm abzuwenden. Im Neuen Testament findet sich ein unscheinbarer, doch wichtiger Hinweis, wie das Göttliche wirkt. Im Matthäus-Evangelium steht geschrieben, dass Jesus in seiner Heimatstadt abgelehnt wurde. Er konnte dort keine Wunder tun, d. h., er konnte dort nicht wirken (Mk 6,5). Es steht nicht geschrieben, dass Jesus keine Wunder tun *wollte.* Jesus achtet die Freiheit und Entscheidungen des Menschen und drängt sich nicht auf. In diesem Sinne beruht die Beziehung zu Gott auf einer gewissen Gegenseitigkeit: Er wohnt dort, wo man ihn einlässt.

Ich richte mich mit meiner Absicht auf Gott aus

Der Mensch sieht, was vor den Augen ist, der Herr aber sieht das Herz.
(1 Sam 16,7)

Mit dem nächsten wesentlichen Schritt richte ich mich mit meiner Absicht auf Gott aus. Mit ihr bringe ich zum Ausdruck, dass es in dieser begrenzten Zeit der Meditation nicht darum geht, mich mit mir selbst zu beschäftigen, sondern dass dies eine Zeit ist, in der ich mich, so wie es mir möglich ist, der Gegenwart und dem Namen Jesu zuwende. Ich drücke also meine Hingabebereitschaft aus und meine Entschlossenheit, Gott ins Zentrum meiner Aufmerksamkeit zu stellen und mich ihm zu überlassen: „Diese Zeit schenke ich dir!“, „Du führe mich!“, „Du wirke in mir!“, „Ich bin da für dich!“. Diese Absicht orientiert meine Bemühungen auf Gott. Es ist die entscheidende Wende, mit der ich meine Meditation unter das Vorzeichen stelle, dass sein Wille geschehe und nicht der meine (Mt 6,10). Diese Absichtserklärung macht meine Meditation zu einem Gebet. Das Resultat meiner Bemühungen darf ich Gott überlassen.

Ich lasse meine eigenen Welten los

Obwohl sich der Mensch in der Meditation dem Göttlichen zuwenden möchte, macht er die Erfahrung, dass er beständig auf sich selbst zurückgeworfen wird: auf seine Gedanken, Gefühle, Vorstellungen, Sorgen, Pläne, Phantasien, Fehler, Unzulänglichkeiten, auf sein Bestreben, die Kontrolle zu behalten und zu bestimmen, was in ihm geschehen soll und was nicht, auf seinen Wunsch, schnellere Fortschritte zu erzielen, es gut und richtig machen zu wollen, oder auf seinen Anspruch, anders zu sein, als man im Augenblick ist. Dies alles gilt es jedoch loszulassen. Wenn man diese Auflistung auf sich wirken lässt, kann einen innerer Stress beschleichen mit dem Gefühl: „Das vermag ich nicht. Ich kann mich nicht von all dem lösen.“ Und diese Einschätzung ist richtig. Aus sich heraus vermag man es nicht. Es ist letztlich Gnade, d. h., es ist ein Geschenk, von seinen kleinen Welten, die einen so besetzt halten, befreit zu werden. Dieses Geschenk kann man sich nicht selbst machen. Man kann sich aber dafür bereiten, es zu empfangen.

Ich möchte dies mit einem Bild veranschaulichen, das ich auf die Meditation übertrage: Ich habe die Absicht, auf das Licht einer Kerze zu schauen. Für die Meditation ist das Licht der Kerze das Licht der Gegenwart. Mit dieser Absicht gebe ich meiner Aufmerksamkeit eine klare Richtung. Indem ich meine Aufmerksamkeit auf das Licht richte, werde ich mich nicht gleichzeitig mit dem beschäftigen, was sonst noch im Raum herumsteht. Ich muss also nicht den Raum leer räumen oder anfangen, ihn aufzuräumen, um dann ungestört auf die Kerze zu schauen. So müssen auch wir uns selbst nicht leer räumen und in Ordnung bringen. Ich überlasse mich so, wie ich bin, der „ordnenden Liebe Gottes" (Clara Maria von Oy). Gott ist es, der Ordnung in mir schafft. Ich wende mich zu Gott mit allem, was in mir ist. Die sogenannten Hindernisse, die sich während der Meditation zeigen, muss ich nicht selbst aus dem Weg räumen. Das Loslassen in der Meditation besteht darin, dass ich zulasse und gewähren lasse, was sich in mir zeigt, ohne mich damit zu befassen.

Ich wende mich immer wieder neu meinen Händen und dem Namen Jesu zu

Wenn dein Herz wandert oder leidet,
bring es behutsam an seinen Platz zurück
und versetze es sanft
in die Gegenwart deines Herrn.
Und selbst, wenn du nichts getan hast
in deinem ganzen Leben

außer dein Herz zurückzubringen
und wieder in die Gegenwart
unseres Gottes zu versetzen,
obwohl es jedesmal wieder fortlief,
nachdem du es zurückgeholt hattest,
dann hast du dein Leben wohl erfüllt.
(Franz von Sales)

Es ist wichtig, dass ich mich nicht nur von meinen kleinen Welten *abwende*, sondern dass ich mich auch ganz konkret *mit* all dem, was sich in mir zeigt, der Wahrnehmung meiner Hände und dem Namen Jesu *zuwende*. Gedanken, Gefühle und Vorstellungen etc. dürfen da sein, sie sind jedoch zweitrangig. Ich gebe dem Zweitrangigen in der Meditation den richtigen Stellenwert, indem ich es nicht ins Zentrum meiner Aufmerksamkeit stelle. Dies bedeutet konkret: Sobald mir bewusst ist, dass ich mit meiner Aufmerksamkeit „woanders" bin, führe ich sie wieder behutsam zu der Wahrnehmung meiner Hände und zum Namen Jesu. Ich vollziehe damit innerlich eine Wende: Ich lasse von mir selbst los und gebe Gott den Vorrang. „Durch das vorübergehende Loslassen des Kleineren und das Sich-Öffnen für das Größere und letztlich dem Größten gegenüber geschieht Wachstum."[20] Der Meditierende ist in dieser Weise nicht auf die Früchte und auf sich selbst ausgerichtet, sondern – im übertragenen Sinne – dem Weinstock zugewandt.

Ich beginne stets neu

Haben Sie mit allen Menschen Geduld, aber besonders mit sich selbst! Lassen Sie sich nicht betrüben von Ihren Unvollkommen-

heiten; Sie müssen den Mut haben, sich immer wieder über sie zu erheben. Ich freue mich darüber, dass Sie jeden Tag wieder neu beginnen: Es gibt kein besseres Mittel, das geistliche Leben zu einem guten Ende zu führen, als immer wieder neu anzufangen und niemals zu denken, man habe genug getan.
(Franz von Sales)

In der Meditation erfahren wir, dass wir weder Beglückendes festhalten noch darauf aufbauen können. Sobald wir dies versuchen, entschwindet es uns gänzlich. Diese Erfahrungen lehren uns die Haltung des beständigen Neubeginns. Dieser Neubeginn konkretisiert sich in der Entschlossenheit, sich *jetzt,* so wie ich bin, in die Gegenwart Gottes zu stellen und zu empfangen, was mir *jetzt* von der Wahrnehmung der Hände und vom Namen Jesu entgegenkommt. Die Ausrichtung auf Gott bedarf der beständigen Übung oder, religiös ausgedrückt, der beständigen Umkehr. In dieser Umkehr öffnet sich der Mensch stets neu dem Wirken des Heiligen Geistes. Die Hinwendung zu Gott haben die Heiligen in einer konsequenten Weise gelebt. Ihr Weg bestand nicht darin, dass sie ihre Unvollkommenheiten erfolgreich in sich ausgemerzt und beseitigt haben, sondern ihr Weg zeichnet sich durch ihre klare und stete Ausrichtung auf Gott aus. Unabhängig von ihren Schwächen und Fehlern haben sie sich zu Christus gewandt. Ein beeindruckendes Zeugnis gibt der Apostel Paulus, der von sich sagt: „Denn ich tue nicht das Gute, das ich will, sondern das Böse, das ich nicht will." Klagend sagt er über sich: „Ich unglücklicher Mensch!" Im nächsten Satz hören wir ihn jedoch bereits sagen: „Dank sei Gott durch Jesus Christus, unseren Herrn!" (Röm 7,19–25). Paulus hat sich von seinen Unvollkommenheiten nicht betrüben lassen, sondern stets aufs Neue sein Vertrauen auf Jesus gesetzt.

Ich überlasse die gelebte Zeit Gott

Es ist hilfreich, am Ende der Meditation die geschenkte Lebenszeit nochmals bewusst Gott zu übergeben – wie immer sie auch gefüllt war. Wir nehmen also die Zeit, die wir Gott gegeben habe, am Ende der Meditation nicht wieder zurück, indem wir beginnen, sie zu analysieren oder zu bewerten. Geschenkt ist geschenkt! Der Wert dieses Geschenks oder, anders ausgedrückt, der Wert der Hingabe an Gott mit unserem Dasein hängt nicht von unserem Leistungsvermögen, unserer Bewertung und der Realisierung unserer Wünsche und Vorstellungen ab. Selbst wenn wir während der Meditation sehr zerstreut waren und es unserer Bewertung nach nur „sehr wenig" war, was wir ihm geben konnten, dürfen wir darauf vertrauen, dass Gott unsere Meditation annimmt. Er schaut anders auf uns, als wir es tun (1 Sam 16,7b). Für Jesus hat die Witwe, die nur zwei kleine Münzen in den Opferstock geworfen hat, mehr gegeben als die Reichen, die viel gaben (Mk 12,41–44). Gott sieht uns und unsere Bemühungen anders als wir selbst.

2.2 Ein Beispiel

Ich möchte an einem Beispiel aufzeigen, was für einen großen Unterschied es ausmacht, wonach ich mich ausrichte bzw. worauf ich konkret meine Aufmerksamkeit richte. Ich habe fast zwei Jahre in Jerusalem gelebt. Zu Beginn meines Aufenthaltes war ich sehr betroffen von der angespannten Atmosphäre in dieser Stadt. Angst und Misstrauen waren sowohl bei den Palästinensern als auch bei den Israelis zu spüren. Die schwer bewaffneten Polizisten und die sogenannten „Checkpoints" versuchten den Eindruck zu vermitteln, dass alles unter Kontrolle sei. Immer wieder dachte ich: Warum gerade in Jerusalem? Warum gerade hier in dieser Stadt, in der Jesus gewirkt hat, so viel Angst, so viel Spannung und Gewaltbereitschaft? In anderen Städten Israels herrschte eine entspanntere Atmosphäre.

Als ich diese Frage wieder einmal stellte: „Warum gerade in Jerusalem?", gab mir ein Mann eine kurze Antwort: „Weißt du", sagte er, „wo viel Licht ist, ist auch viel Schatten!" Es war das erste Mal, dass meine Frage kein Achselzucken auslöste. Die Antwort erschien mir irgendwie plausibel. Ich dachte mir, dass ich den Schatten von Jerusalem schon deutlich wahrgenommen hatte. Das Licht hingegen hatte ich noch nicht erfahren. Das galt besonders für die Grabeskirche: Die Aufteilung unter den unterschiedlichen christlichen Konfessionen – sichtbarer Ausdruck dafür, wie weit die Christenheit noch von der Einheit entfernt ist; ihr heruntergekommener baulicher Zustand; ein Touristenrummel, der eine Unruhe mit sich brachte, die eher zum schnellen Weitergehen als zum Verweilen einlud; Mönche, die ich nicht selten genervt, verärgert und abweisend erlebte. Natürlich kam mir gerade auch in der Grabeskirche die Frage: „Warum gerade in Jerusalem? Warum gerade hier in der Grabeskirche dieser so renovierungsbedürftige Zustand?" Jetzt blieb ich jedoch nicht mehr bei der mir bereits vertrauten Empörung und Verständnislosigkeit stehen, die diese Fragen stets aufs

Neue bei mir auslösten. Die Antwort „Wo viel Licht ist, ist auch viel Schatten" bewirkte nun in mir eine Blickänderung. Ich begann ganz bewusst nach dem Licht Ausschau zu halten. Da ich unweit von der Grabeskirche lebte, war es mir möglich, sie fast täglich aufzusuchen. Ich ging frühmorgens oder auch abends zu den Zeiten hin, wo nicht so viel Trubel war. Ich suchte mir dort einen Platz, setzte mich hin, schloss die Augen und richtete meine Aufmerksamkeit nach innen. Ich beschäftigte mich innerlich nicht mehr damit, was mich störte. Ich wandte mich bewusst von dem „Schatten", den ich nach wie vor wahrnahm, ab und achtete nun darauf, was *noch* da war. Diese innerliche Wende habe ich wieder und immer wieder vollzogen.

Ich kann sagen: An keinem anderen Ort in Jerusalem habe ich mich fraglos so dazugehörig, so geborgen und angenommen gefühlt wie in der Grabeskirche. Ich habe eine Sicherheit erfahren, die für mich eher ungewöhnlich war. Vertraut war mir ein unsicheres Grundgefühl – ausgelöst durch die konflikthafte Situation im Land. Sie befremdete mich und ich fühlte mich auch als Fremde in diesem Land. Jeder Mensch, ob Israeli oder Palästinenser, ob Tourist oder Soldat, konnte Opfer dieser ungelösten politischen Situation werden. In der Grabeskirche jedoch fühlte ich mich dazugehörig – hier fühlte ich mich nicht als Fremde. Wenn nun ein Soldat versucht hätte, mich zu verscheuchen, hätte ich sagen können: „Hier gehöre ich hin. Zu dieser Kirche, die in diesem erbärmlichen Zustand ist, gehöre ich!" Ich weiß, ich habe diese für mich so kostbaren Erfahrungen letztlich dieser Blickänderung zu verdanken. Ohne sie hätte ich mich weiterhin nur über die äußeren Zustände der Grabeskirche empört. Meine Erfahrungen wären darauf beschränkt geblieben.

2.3 Die Gefahr, beständig nur um sich selbst zu kreisen

Wer vom Ziel nicht weiß,
kann den Weg nicht haben,
wird im selben Kreis
all sein Leben traben;
kommt am Ende hin,
wo er hergerückt,
hat der Menge Sinn
nur noch mehr zerstückt.
(Christian Morgenstern)

Das innere Gefängnis

Ich kann mich endlos mit dem beschäftigen, was nicht in Ordnung ist und was anders sein sollte. Angefangen bei mir – ich werde immer etwas finden, wo ich besser, gelassener, liebender, geduldiger etc. hätte sein können, als ich in Wirklichkeit war oder bin. Ich könnte mich beständig mit meinen Fehlern, Defiziten und Begrenzungen beschäftigen oder mit einer permanenten Traurigkeit darüber durchs Leben gehen. In gleicher Weise kann ich bei meinen Mitmenschen weitermachen. Auch sie könnten unkomplizierter, liebenswürdiger, verständiger und entgegenkommender sein, als sie in Wirklichkeit sind. Überhaupt könnte so vieles anders, besser, einfacher und leichter sein: in meiner Arbeit, in meiner Familie, in meinem Freundeskreis, in meiner Gemeinschaft, in der Kirche und in der Welt. Mein ganzes Leben könnte ich damit verbringen, mich damit zu beschäftigen, was anders und besser sein könnte. Dies kann sich zu einer inneren „Vollbeschäftigung“ entwickeln, bei der man sich beständig aufregt, wenn etwas oder jemand nicht so ist, wie man es sich vorstellt. Oder man zieht sich enttäuscht und resigniert zurück. Hier trabt der Mensch im selben Kreis und bleibt in sich gefangen – stunden-, tage-, monate- oder jahrelang, manchmal sogar ein ganzes Leben.

Wer vom Ziel nichts kennt,
kann's doch heut erfahren;
wenn es ihn nur brennt
nach dem Göttlich-Wahren;
wenn in Eitelkeit
er nicht ganz versunken
und vom Wein der Zeit
nicht bis oben trunken.

Denn zu fragen ist
nach den stillen Dingen,
und zu wagen ist,
will man Licht erringen;
wer nicht suchen kann,
wie nur je ein Freier,
bleibt im Trugesbann
siebenfacher Schleier.
(Christian Morgenstern)

Der Ausweg

Es ist die bewusste und entschiedene Blickänderung, die den Ausweg aus dieser engen inneren Welt ermöglicht. Es geht aber in keiner Weise um „positives Denken“. Ich beginne nicht, die Dinge schönzureden und mir vorzusagen, dass alles gut ist, so wie es ist. Ich nehme sehr wohl wahr, was nicht gut ist, was mir zusetzt und mich belastet. Ich bleibe jedoch nicht dabei haften, sondern wende mich mit diesen Schwierigkeiten der Gegenwart zu. Ich achte auf das, was unabhängig von diesen Schwierigkeiten *noch* da ist. Ich nehme damit die Haltung eines Suchenden ein, die mich öffnet für seine Gegenwart, die da ist – in mir und auch in der konkreten äußeren Situation. Auch wenn diese Öffnung klein erscheinen mag, kann mich durch sie Gottes Gegenwart berühren.

Eine Frau erzählte von der inneren Verzweiflung, die sie jedes Mal verspürte, wenn sie ihren todkranken Bruder im Krankenhaus besuchte. Jeder Schritt auf dem Weg zum Krankenbett war unglaublich schwer. An einem Tag, als sie ihn wieder besuchte und aus dem Auto stieg, ging sie nicht schnurstracks Richtung Krankenhaus. Sie blieb einen Moment stehen. Sie sah den blauen Himmel und nahm wahr, dass die Sonne schien. Diese Wahrnehmung, dass die Sonne auch da war, hat sie so sehr getröstet, dass sie an diesem Tag anders zu ihrem Bruder ging; die Verzweiflung war nicht mehr so groß. Der Gang zum Krankenbett war nicht mehr so schwer. An der Situation ihres Bruders hatte sich nichts verändert, und doch verspürte sie an diesem Tag einen Trost.

Die Hinwendung zur Gegenwart, die durch die konkrete Wahrnehmung im Hier und Jetzt geschieht, auch wenn es vielleicht die Wahrnehmung von etwas sehr Kleinem, Unscheinbarem oder Alltäglichem ist, birgt doch die Kraft des Heiligen Geistes in sich, der uns in der Tiefe mit neuem Leben berühren will. Indem der Mensch in der Meditation dem Hier und Jetzt zugewandt bleibt, kann er von der heilenden Kraft der Gegenwart Gottes und dem Namen Jesu berührt und gewandelt werden. Diese Achtsamkeit für das, worauf ich meine Aufmerksamkeit richte, ist nicht nur für die Meditation von großer Bedeutung, sondern für mein Leben überhaupt. Denn: „Was wir im Auge haben, das prägt uns, dahinein werden wir verwandelt, und wir kommen, wohin wir schauen."[21] Alles, was wir in den Blick nehmen, hat also eine Wirkung auf uns. Ein beständiges Ausgerichtetsein auf die Gegenwart, auf die „stillen Dinge", die sich nicht aufdrängen und die doch da sind, verändert das Leben.

2.4 Die zwischenmenschlichen Beziehungen als Spiegelbild für meine Beziehung zu Gott[22]

Die einzige Weise, mit Sicherheit zu erkennen, wie wir zu Gott stehen, liegt darin, alle unsere menschlichen Beziehungen zusammenzunehmen und anzuschauen. Was in diesen Beziehungen vorhanden ist, das ist auch in unserer Beziehung zu Gott vorhanden.[23]
(Franz Jalics)

Da Gott uns keine Rückmeldungen gibt, besteht die Gefahr, dass man sich in der Ausrichtung auf das Göttliche etwas vormachen kann. Jemand hält sich z. B. für sehr spirituell, kreist in der Meditation jedoch nur um sich selbst und bemerkt es nicht. „Es kann daher sein, dass ein Mensch, der häufig betet, sich kaum von einem nichtbetenden Menschen unterscheidet, insofern er nicht in der Lage ist, sich der Wirklichkeit Gottes zu öffnen."[24] Diese Öffnung für die Wirklichkeit Gottes geschieht, indem der Mensch bereit ist, eine hörende Haltung einzunehmen. Es ist das „hörende Herz“ (1 Kön 3,9), dem es möglich ist, zu empfangen und Neues aufzunehmen. Aus einer wirklichen Begegnung werde ich stets als ein anderer herausgehen, als ich hineingegangen bin, da jede wirkliche Begegnung eine Wirkung auf mich hat. Die hörende Haltung wirkt dabei wie eine Brücke, die unterschiedliche Welten zu verbinden vermag. Sie ermöglicht Begegnung und lässt die Beziehung wachsen zu mir selbst, zu den Mitmenschen und zu Gott.

Für seine Beziehung zu Gott bringt der Meditierende die Bereitschaft ein, sich in einer hörenden, aufmerksamen Haltung der Gegenwart Gottes zu öffnen. Inwieweit er dies tatsächlich bereits lebt, kann er jedoch nur über die zwischenmenschlichen Beziehungen erkennen. Ich kann Gott nach der Meditation nicht fragen, inwieweit ich ihm tatsächlich in einer aufmerksamen Haltung zugewandt war. Meine Mitmenschen kann ich jedoch fragen, ob sie nach einem Gespräch mit mir das Empfinden haben, dass ich ihnen jetzt tatsächlich zugehört habe. Die Verwirklichung meines Glaubens steht im unmittelbaren Zusammenhang mit der Verwirklichung meiner Beziehungen (Mt 25,40). Die zwischenmenschlichen Beziehungen sind somit ein klares Kriterium, das mich erkennen lässt, wie es tatsächlich um meine Beziehung zu Gott steht. Wie es zwischenmenschliche Beziehungen belastet, wenn jemand nur auf seinen Vorstellungen beharrt, so wirken auch Vorstellungen über mich selbst, wie z.B. „ich bin nicht liebenswert“, belastend auf mich. Sie wirken auch in meine Beziehung zu Gott hinein, denn sie erschweren es mir, an die Liebe Gottes zu glauben. Der Mensch hat nur ein Herz, somit sind alle seine Beziehungen innerlich vernetzt, greifen – wenn auch oftmals ungewollt und unbewusst – ineinander über und beeinflussen sich gegenseitig. Die Beziehung zu Gott spiegelt sich also sowohl in den zwischenmenschlichen Beziehungen als auch in der Beziehung zu sich selbst wider. Mit dem Erkennen und Eingestehen der eigenen Grenzen, sich selbst oder die Mitmenschen noch nicht so annehmen und lieben zu können, wie man es sich wünscht, bleibt man auf seinem Weg zu Gott davor bewahrt, in Illusionen zu leben.

2.5 Mögliche Missverständnisse

Die praktische Erfahrung zeigt, dass sich in der Ausrichtung auf Gott immer wieder Missverständnisse einschleichen, die sich blockierend auf den meditativen Weg auswirken können. Auf mögliche Missverständnisse gehe ich nachfolgend näher ein.

Ich muss erst meine Probleme lösen

Schwierigkeiten will man, wenn sie auftauchen, am liebsten sofort beheben. Oftmals bemüht man sich bereits im Vorfeld, um sie erst gar nicht entstehen zu lassen. Auf der materiellen Ebene ist diese Vorgehensweise sinnvoll. Ich überprüfe z. B. mein Auto auf seine Fahrtüchtigkeit, bevor ich damit fahre. Wenn bei meinem Auto der Auspuff defekt ist, werde ich es so bald wie möglich in die Werkstatt bringen. Der Mechaniker wird sich dann nur auf das Problem, d. h. auf den kaputten Auspuff, konzentrieren. Nachdem das Problem behoben ist, ist das ganze Auto wieder fahrtüchtig. Diese problemzentrierte Haltung erfährt jedoch im Umgang mit den Menschen schnell ihre Grenzen. Wenn jemand zum Arzt geht, weil er Magenschmerzen hat, und der Arzt konzentriert sich nur auf den schmerzenden Magen, würde er dem Menschen nicht gerecht werden. Hier ist es wichtig, dass der Arzt den ganzen Menschen in den Blick nimmt.

Im Geistlichen ist es wie bei diesem Arzt. Hier geht es nicht darum, sich auf einzelne Probleme zu konzentrieren und zu meinen, wenn ich diese oder jene Schwierigkeit beseitigt habe, dann ist alles gut, d. h., dann habe ich freie Fahrt zu Gott. Solange man sich nicht mit dem Wesentlichen verbindet, hilft es nicht, einzelne Probleme zu lösen in der Annahme, anschließend problemlos meditieren zu können. Es ist ein Trugschluss zu meinen, wenn ich dieses oder jenes schnell löse und „etwas fertig denke", könne ich anschließend besser meditieren. Unabhängig davon, wie erfolgreich meine Problemlösung war, die Gedanken werden nicht „fertig" sein. Es wird immer etwas zum Denken, zum Überlegen, zum Lösen und zum Analysieren geben. In der Meditation ist es aber nicht meine Aufgabe, irgendetwas zu lösen. Meine „Aufgabe" ist es, mich *mit* den Problemen und Schwierigkeiten, die im Augenblick da sind, der Gegenwart Gottes und dem Namen Jesu zuzuwenden. Ich richte damit meine Aufmerksamkeit auf den Ort in mir, wo es diese Probleme und Schwierigkeiten nicht gibt. Diese Verbindung mit der heilbringenden Gegenwart Gottes stärkt mich und lässt mich anders auf meine Probleme schauen.

Es ist gut, wenn ich keine Erwartungen habe

In der Meditation geht es nicht darum, dass sich eigene Erwartungen erfüllen, sondern darum, sich der Gegenwart zu öffnen und aufzunehmen, was sich in ihr zeigt. Es geht um die Beziehung zu Gott und nicht darum, was ich jetzt gerne haben möchte. Aus diesem Grund gesteht man sich Erwartungen oftmals von vornherein nicht ein. Man bewertet sie als negativ und wehrt sie ab nach dem Motto: „Ich habe lieber keine Erwartungen, dann bin ich offen für das, was kommt, und kann auch nicht enttäuscht werden, wenn sie sich nicht erfüllen." Die Erwartungen sind jedoch nicht einfach weg, wenn man sie zu ignorieren versucht, sondern bestehen im Unbewussten weiterhin.

Für die Philosophin Simone Weil ist die bleibende Aufmerksamkeit gerade an das Verlangen und das Begehren geknüpft. Thomas von Aquin bezeichnet das Gebet als Ausdruck des menschlichen Verlangens nach Gott. Das Verlangen durchdringt die ganze Person und verleiht ihr die Kraft, diesem Verlangen auch zu folgen. Das Verlangen und Begehren ist eng verwoben mit den Erwartungen und der Sehnsucht in uns. Wenn man seine Erwartungen verdrängt, weist man damit auch eine innere Kraftquelle von sich, die das wache, aufmerksame Dasein zu stärken und zu beflügeln vermag. Nicht die Erwartungen und das Verlangen sind Stolpersteine auf dem meditativen Weg, sondern die Art und Weise, wie man mit ihnen umgeht. Der meditative Umgang zeichnet sich dadurch aus, dass man seine augenblickliche Befindlichkeit wahrnimmt, so wie sie ist. Man schließt dabei auch seine Erwartungen mit ein. Es kann z. B. sein, dass ich die Erwartung spüre, jetzt in der Meditation ruhiger zu werden, und mich danach sehne, einen inneren Frieden zu erleben. Diese Erwartung kann ich zu Beginn der Meditation vor Gott ausdrücken: „Ich erwarte mir etwas Ruhe. Sehr gerne würde ich jetzt Frieden erfahren. *Du* kannst es mir schenken zu *deiner* Zeit." Ich führe die Erwartung zu Gott und bringe gleichzeitig zum Ausdruck, dass er es ist, der sie mir erfüllen kann. Nicht ich muss Ruhe und Frieden in mir schaffen, sondern Gott kann es in mir bewirken zu *seiner* Zeit. Mit dieser Erwartung wende ich mich der Wahrnehmung meiner Hände und dem Namen Jesu zu und öffne mich für das, was jetzt ist, und bleibe in dieser Weise nicht auf meine Erwartungen fixiert. Schwierig wird es oftmals dann, wenn sich statt des Erwarteten das Entgegengesetzte zeigt, also z. B. statt der ersehnten Ruhe eine Unruhe aufsteigt bzw. die Unruhe bleibt. Der schmale Weg, den es dann zu folgen gilt, besteht darin, die Unruhe zuzulassen und mich mit beidem, der Erwartung nach Ruhe wie auch der Unruhe, der Gegenwart zuzuwenden. Es ist eine Haltung des Wartens, indem mein Verlangen nach Ruhe und meine Sehnsucht nach Frieden mir die Kraft geben, dem unangenehmen Zustand der Unruhe zu begegnen. Die Wandlung, die dabei unmerklich geschieht, werde ich im 4. Kapitel beschreiben.

Ich muss versuchen, zuerst mich zu verändern, dann wird es auch mit der Meditation besser

Jahrelang war ich neurotisch. Ich war ängstlich und depressiv und selbstsüchtig. Und jeder sagte mir immer wieder, ich sollte mich ändern. Und jeder sagte mir immer wieder, wie neurotisch ich sei. [...] Und ich wollte mich ändern, aber ich brachte es nicht fertig, sosehr ich mich auch bemühte. Was mich am meisten schmerzte, war, dass mein bester Freund mir auch immer wieder sagte, wie neurotisch ich sei. Auch er wiederholte immer wieder, ich sollte mich ändern. Auch ihm pflichtete ich bei, aber zuwider wurde er mir nicht, das brachte ich nicht fertig. Ich fühlte mich so machtlos und gefangen.

Dann sagte er mir eines Tages: „Ändere dich nicht. Bleib, wie du bist. Es ist wirklich nicht wichtig, ob du dich änderst oder nicht. Ich liebe dich so, wie du bist. So ist es nun einmal." Diese Worte klangen wie Musik in meinen Ohren: „Ändere dich nicht, ändere dich nicht … ich liebe dich." Und ich entspannte mich, und ich wurde lebendig, und Wunder über Wunder, ich änderte mich! Jetzt weiß ich, dass ich mich nicht wirklich ändern konnte, bis ich jemanden fand, der mich liebte, ob ich mich nun änderte oder nicht …[25]
(Anthony de Mello)

In der Meditation, d. h. in der Beziehung zu Gott, geht es nicht um eine psychologische Defizitbeseitigung oder darum, dass ich es schaffe, mich selbst zu verändern, um ein besserer Mensch zu werden. Es geht um die Erfahrung, dass ich so, wie ich bin, bereits *jetzt* und unabhängig von meinem aktuellen Leistungsvermögen und meiner augenblicklichen Befindlichkeit, von Gott bejaht, angenommen und zutiefst geliebt bin. Indem ich mich Gott zuwende, so wie ich bin, vertraue ich mich bereits dieser Zusage Gottes an, auch wenn es im Unbewussten noch Blockaden gibt, die es mir erschweren zu glauben, dass Gott mich liebt, so wie ich bin, mit all meinen Schattenseiten. Ich verlange in der Meditation nicht von mir, jetzt anders da zu sein, als ich da sein kann, und lasse mich selbst in Ruhe. Die ersehnte Wandlung in mir geschieht, indem ich all das da sein lasse, was ich gerne an mir ändern würde. Ich wende mich also zu Gott, so wie ich bin. Ich kann mir nochmals bewusst machen, dass dies eine Zeit mit Gott ist, in der ich nichts erreichen und nichts verändern muss. Es ist eine Zeit, die ich Gott überlasse, unabhängig davon, wie oft ich abschweife. Sobald ich es merke, führe ich meine Aufmerksamkeit wieder zu der Wahrnehmung meiner Hände und zum Namen Jesu zurück. Diese innere Wende gilt es, so wie es mir möglich ist, immer wieder zu vollziehen. Es ist der Weg, der uns erfahren lässt, „dass im Fallen und im Wieder-Aufstehen wir immer gehalten sind in seiner Liebe“ (Juliana von Norwich).

2.6 Heilende Auswirkungen

Vertrauen

Habt Vertrauen, ich bin es; fürchtet euch nicht!
(Mt 14,27)

Vertrauen haben, vertrauen können ist wichtig, damit das Leben gelingt. Ohne ein Mindestmaß an Vertrauen können weder zwischenmenschliche Beziehungen gelebt noch Alltagssituationen bewältigt werden. Vertrauen gründet auf der bewussten oder unbewussten Bereitschaft, sich jemandem zu öffnen und sich ihm zuzuwenden. Diese Offenheit kann jedoch weder eingefordert noch verordnet werden. Sie vollzieht sich und geschieht in den zwischenmenschlichen Beziehungen, indem man sich auf eine andere Person einlässt, sich ihr zuwendet und aufnimmt, was von ihr kommt. Diese Hinwendung kommt einem Vertrauensvorschuss gleich, den man empfängt und gewährt. Das Vertrauen braucht Zeit und es wächst mit der Erfahrung, dass es nicht zum Schaden, sondern zu meinem Nutzen ist. Auch in der Beziehung zu Gott ist Vertrauen wesentlich. Der Meditierende gibt Gott in der Meditation in gewisser Weise einen Vertrauensvorschuss. Er vertraut darauf, dass seine Hinwendung zu ihm positive Auswirkungen auf sein Leben hat. Der Vertrauensvorschuss ist kein

Gefühl, dass er erst in sich entwickeln muss. Er vollzieht ihn bereits ganz konkret, indem er nicht mit sich selbst beschäftigt bleibt, sondern sich mit der Wahrnehmung der Hände für die Gegenwart öffnet und sich dem Namen Jesu zuwendet. Selbst wenn jemand Misstrauen empfindet, kann er sich mit diesem Gefühl Gott zuwenden. Vertrauen geschieht in der Hinwendung. Jede innerlich vollzogene Wende ist also bereits ein Vertrauensakt.

Therese von Lisieux sagt, dass Gott gerade durch das Vertrauen, das man ihm entgegenbringt, geehrt wird. Ihr Vertrauensweg wird als sogenannter „kleiner Weg“ bezeichnet, für den sie zur Kirchenlehrerin erhoben wurde. Er wird als „kleiner Weg“ bezeichnet, weil er nichts Außergewöhnliches fordert und von jedem gegangen werden kann. Er besteht darin, das eigene „Klein-Sein“ zu bejahen und auf Gottes Größe zu vertrauen. Die Herausforderung auf diesem Vertrauensweg besteht darin, Schwierigkeiten weder zu verdrängen noch sich mit ihnen zu beschäftigen und die eigenen Grenzen anzuerkennen. Es liegt darin ein Verzicht, die Dinge selbst zu beeinflussen oder zu kontrollieren. Ausdruck geistlicher Reife ist es, seine Schwächen hinzunehmen, ohne dabei mutlos zu sein, und zu vertrauen, dass Gott es ist, der einen zur wahren Größe führen kann. Man vertraut Gott, der das Wollen und das Vollbringen bewirkt (Phil 2,13), und fixiert sich nicht auf sein eigenes Leistungsvermögen.

Standfestigkeit

Ich habe den Herrn beständig vor Augen. Er steht mir zur Rechten, ich wanke nicht.
(Ps 16,8)

In der Ausrichtung auf Gottes Gegenwart fließt dem Menschen unmerklich eine Kraft zu, die es ihm ermöglicht, seinen Schwierigkeiten zu begegnen, ohne dabei den Boden unter seinen Füßen zu verlieren. Er erfährt, dass er trotz all der auftauchenden Schwierigkeiten getragen ist. Die Kraft, die den Menschen in der Ausrichtung auf Gott berührt, kommt in dem Evangelium vom Gang des Petrus auf dem Wasser zum Ausdruck: Petrus ist von Anfang an auf Jesus ausgerichtet. Er wendet sich zu Jesus mit den Worten: „Wenn du es bist, so befiehl, dass ich auf dem Wasser zu dir komme." Petrus weiß sehr wohl, dass er es nicht von sich aus vermag. Jesus antwortet: „Komm!" In der Verbundenheit zu Jesus ist es Petrus tatsächlich möglich, auf dem Wasser zu gehen. Wir werden hier vielleicht einwenden, dass dies nicht unsere Situation ist. Wir gehen Jesus nicht auf dem See Genezareth entgegen! Dies ist richtig. Dieses Evangelium möchte uns auch heute deutlich machen, dass wir in der inneren Verbundenheit zu Jesus Christus in dem getragen sind, was normalerweise die Tendenz hat, uns nach unten zu ziehen und uns den Boden unter den Füßen wegzunehmen. Wie bei Petrus sind es die Ängste, Sorgen und Zweifel, die uns daran hindern, in Verbindung zu Jesus Christus zu bleiben. Indem Petrus sich mit seinen Ängsten und Zweifeln zu beschäftigen beginnt, verliert er den Blickkontakt. Die Kraft, die ihm in der Verbindung zu Jesus zufließt und die es ihm ermöglicht, trotz schwankenden Bodens standhaft zu bleiben, ist unterbrochen. Als er beginnt unterzugehen, kann sich Petrus nur noch schreiend an Jesus wenden: „Herr, rette mich!" Jesus streckt sofort die Hand aus, ergreift ihn und sagt zu ihm: „Du Kleingläubiger, warum hast du gezweifelt?" (Mt 14,22–33).

In der Meditation üben wir uns darin, die Verbindung zu Jesus zu wahren, auch wenn Wogen der unterschiedlichsten Gefühle und Gedanken über uns hereinbrechen. Trotz bewegten inneren Wellengangs wenden wir uns der Gegenwart und dem Namen Jesu zu. Es geht in der Meditation also nicht darum, die inneren Turbulenzen zu vermeiden, um möglichst friedlich „dahinzusegeln". Wir können nicht bestimmen, wann die Sonne zu scheinen hat. Ebenso wenig haben wir in Händen, wann Gott die Sonne in uns erstrahlen lässt. Wir können uns nur immer wieder neu seiner Gegenwart zuwenden und uns am Namen Jesu festhalten, so wie ein Segler bei bewegter See sich verstärkt am Steuerrad festhält und darauf achtet, dass er mit seinem Schiff auf dem richtigen Kurs bleibt.

Auf dem richtigen Kurs bleibt der Meditierende, indem er seine Gefühle zulässt und über die Wahrnehmung seiner Hände und den Namen Jesu mit der Gegenwart verbunden bleibt. Er lehnt sich dabei weder gegen den Wind auf noch kämpft er gegen ihn an. Vielmehr lässt er gewähren, dass der Wind weht. Er erfährt dabei, dass die Gefühle in sich keinen Bestand haben. Sie kommen und gehen wie die Wellen. Ungeachtet der inneren Wellen bleibt er dem zugewandt, was ihn trägt und hält. Eine innere Standfestigkeit kann in ihm wachsen.

Wenn jedoch die Gefühle sehr heftig sind, so schießen auch die Gedanken entsprechend schnell durch den Kopf.

Dann ist es kaum möglich, innezuhalten und die Gefühle „einfach" wahrzunehmen und die Aufmerksamkeit auf die Wahrnehmung der Hände zu richten. Um jetzt mit Gott in Verbindung zu bleiben, ist es wichtig, diese heftigen Gefühle frei und direkt vor ihm auszudrücken – Klagen und Verzweiflung ebenso wie Wut oder Ärger – und diese nicht zu beurteilen. Ich bleibe also in der Beziehung zu Gott und bin gleichzeitig in Kontakt mit meiner augenblicklichen Realität. Ich gestehe mir die Zeit zu, bis es allmählich wieder ruhiger in mir geworden ist. Erst jetzt wird es möglich sein, meine Gefühle einen Augenblick bewusst wahrzunehmen, um mich dann *mit* ihnen der heilbringenden Kraft der Gegenwart zuzuwenden.

Einklang mit sich selbst

Gott ist ein Gott der Gegenwart. Wie er dich findet, so nimmt und empfängt er dich, nicht als das, was du gewesen, sondern als das, was du jetzt bist.
(Meister Eckhart)

In der Meditation wendet sich der Mensch, so wie es für ihn möglich ist, der Gegenwart zu. In der Bemühung, die Verbindung zur Gegenwart zu wahren, ist er auf kein bestimmtes Ergebnis fixiert, sondern überlässt vielmehr das Ergebnis seiner Bemühungen Gott, ohne es zu bewerten. Dies befreit ihn von einem Leistungsdruck. Er weiß, dass Gott nicht etwas Bestimmtes von ihm erwartet, sondern nur ganz einfach ihn selbst. Er findet mehr und mehr zum Einklang mit sich selbst, da er sich so da sein lässt, wie er ist, und nicht versucht, anders zu sein oder anders zu empfinden. Es entfaltet sich eine Zufriedenheit, obwohl objektiv gesehen nicht unbedingt ein Grund dafür gegeben sein muss. Das Ergebnis seiner Meditation, das er Gott überlässt, deckt sich nämlich nicht unbedingt mit dem Ergebnis, das er sich selbst gewünscht hätte. Ich möchte dies mit einer Erfahrung, die ich in einer für mich herausfordernden Situation machen durfte, veranschaulichen und werde in einem zweiten Schritt die Verbindung zu den Erfahrungen in der Meditation machen.

Ich nahm an kontemplativen Exerzitien teil, die der Kursleiter zum ersten Mal selbständig führte. Ich kannte den Ablauf und den Inhalt der Exerzitien sehr gut, da ich zu diesem Zeitpunkt bereits seit einigen Jahren an kontemplativen Exerzitien teilgenommen und zudem zwei Jahre in dem Haus Gries mitgelebt hatte, in dem ausschließlich diese Form der Exerzitien angeboten wird. Der Kursleiter, der von meinem Erfahrungshintergrund wusste, bezog mich in die Begleitung mit ein. Es fing mit einfachen praktischen Fragen an und ging so weit, dass er mich schließlich dazu ermutigte, eine Ansprache zu übernehmen. Soweit ich mich erinnern kann, fiel es mir immer sehr schwer, vor einer Gruppe frei zu sprechen. Solche Situationen waren für mich stets mit Ängsten und mit einer großen inneren Anspannung verbunden. Ich wollte deshalb auf keinen Fall diese Ansprache halten. Der Kursleiter ging jedoch nicht auf meine Einwände ein. Ich solle es einfach so sagen, wie ich es sagen könne, und dies würde schon gut sein. Ich weiß nicht, woher ich den Mut nahm – ich willigte ein. Als es so weit war, pochte mir das Herz bis zum Hals. Ich dachte, jeder müsse sehen, wie aufgeregt ich war. Ich war Gott sei Dank noch in der Lage, ein Stoßgebet zu sprechen, obwohl ich innerlich bereits sehr zittrig war. Ich bat Gott darum, dass meine Ansprache für die

Teilnehmer hilfreich sein möge – unabhängig davon, wie ich sprechen würde. Ich kann mich noch gut daran erinnern, dass ich mich am liebsten unsichtbar gemacht hätte, als der Kursleiter sagte, dass ich heute die Ansprache halten würde. Als sich alle Blicke auf mich richteten, wusste ich gar nicht, wohin ich schauen sollte. Meine innere Aufregung war so stark, dass ich sofort nachdem das Evangelium vorgelesen worden war, wie aus einer Pistole geschossen zu reden anfing. Ich redete und redete und auf einmal hatte ich einen Black-out. Ich wusste nicht mehr, was ich gesagt hatte. Ich wusste nicht mehr, was ich noch sagen wollte. Ich wusste nur, dass ich etwa in der Mitte war von dem, was ich vorbringen wollte. Ich schaute meine überraschten Zuhörer an und konnte nur sagen, dass ich jetzt nicht mehr weiterwisse. Aus meiner Hosentasche zog ich einen Zettel, las einige Stichworte und sagte noch einiges zum Thema. Dann beendete ich meine Ansprache. Der Kursleiter, der mich noch ermutigt hatte zu sprechen, meinte nach der Ansprache: „Na ja, die große Rednerin bist du nicht.“

Das Besondere für mich war jedoch, dass ich nach dieser Ansprache im Frieden und im Einklang mit mir selbst war. Dies war sehr ungewohnt für mich. Normalerweise hätte ich nach dieser Ansprache angefangen, mich zu ärgern, mich zu schämen und mir Vorwürfe zu machen, warum ich mich überhaupt darauf eingelassen hatte. Die Frage hätte mich immerzu beschäftigt, was jetzt wohl die anderen von mir dachten. Das alles war jedoch nicht der Fall. Ich hatte alles gegeben, was mir möglich war. Theologisch gesehen, war es tatsächlich ein Akt der Hingabe, der mir die Angst vor den befürchteten negativen Bewertungen genommen hatte. Es war für mich nicht einmal mehr wichtig zu erfahren, was die Teilnehmer jetzt von mir dachten. Ich hatte das Meinige gegeben – mehr war mir nicht möglich gewesen. Ich fühlte mich innerlich frei von ihrer Bewertung.

Viel später ist mir aufgegangen, dass dies ja die Haltung der Meditation ist. Auch hier gebe ich meinen Teil, so gut ich kann, d. h., ich wende mich mit der Aufmerksamkeit, die mir möglich ist, seiner Gegenwart und dem Namen Jesu zu und alles andere überlasse ich Gott. Auch hier muss ich am Ende meine Bemühungen nicht bewerten.

Der innere Einklang kann sich entfalten, da der Mensch nicht versucht, anders zu sein, als es seiner augenblicklichen Realität entspricht. Diese Aufrichtigkeit ermöglicht es ihm, allen Anteilen seiner Persönlichkeit zu begegnen, ohne sich weiter mit ihnen zu beschäftigen. Er bleibt stattdessen der Gegenwart zugewandt. Trotz innerer Turbulenzen kann sich ein innerer Einklang einstellen, da er nicht versucht, etwas in sich zu überspielen, zu bekämpfen oder zu verstecken. Es entlastet ihn, dass er sich selbst und das Resultat seiner Bemühungen nicht zu beurteilen braucht.

Wenn jemand versuchen würde, objektiv zu beschreiben, was während der Meditation geschieht, könnte er es z. B. folgendermaßen tun: „Ich habe Gedanken, die ich nicht haben will. Ich habe Gefühle, die mir unangenehm sind. Der Rücken hat mir beim Sitzen etwas wehgetan. So wie es mir möglich war, habe ich mich dem Namen Jesu Christi zugewandt. Dies war jedoch nur selten der Fall. Es waren einfach sehr viele Gedanken da.“ Diese Beschreibungen wären nichts Außergewöhnliches. Doch ich erlebe es wie ein kleines Wunder, dass der Mensch nach so einer Meditation sagen kann: „Und trotzdem bin ich zufrieden." Der Verstand stößt hier auf Grenzen und es ist nur nachvollziehbar für jene, die es erfahren haben. Dieses kleine Wunder kann geschehen, indem der Mensch bewusst Gott diese Zeit überlässt und sich während der Meditation nicht bei dem Vielerlei aufhält, das sich in ihm zeigt, sondern sich stattdessen immer wieder neu der Gegenwart und dem Namen Jesu zuwendet. Diese Hinwendung zu Gott führt ihn zum Einklang mit sich selbst. Gott belohnt die Bemühung um die Hinwendung zu ihm unmittelbar und nicht erst im Jenseits!

3. Vergebende Haltung: Bereit sein für Versöhnung[26]

Und vergib uns unsere Schuld, wie auch wir vergeben unseren Schuldigern.
(Mt 6,12)

In dem Bemühen, sich der Gegenwart zuzuwenden und sich auf Gott auszurichten, begegnet dem Menschen vieles, was ihn ärgert, stört und schmerzt. Die Bereitschaft zur Versöhnung ist deshalb eine weitere wichtige Grundhaltung.

Die Sehnsucht nach einem unbeschwerten, glücklichen Leben und nach harmonischen Beziehungen motiviert dazu, sich stets aufs Neue für das Gelingen seiner Beziehungen einzusetzen. Verletzungen, Kränkungen, Zurückweisungen, Niederlagen, Frustrationen und Blamagen enttäuschen aber immer wieder. Die Art und Weise, wie wir mit diesen schmerzhaften Erfahrungen umgehen, ist entscheidend für unser Leben. Wir können daran wachsen und an Tiefe gewinnen oder aber innerlich hart oder gar verbittert werden.

Es ist eine große Tragik, wenn Menschen – sowohl in ihren zwischenmenschlichen Beziehungen als auch in ihrer Beziehung zu Gott – bereit sind, große Mühen auf sich zu nehmen, und trotzdem innerlich verhärten, weil sie unversöhnt bleiben mit dem, was sie erlebt und erfahren haben. Jesus weiß um diese Tragik. Er nimmt die Bitte um Vergebung und den daran anschließenden Versöhnungsauftrag im Vater Unser auf (Mt 6,12) und macht damit deutlich, welch hohen Stellenwert die Versöhnung hat. Obwohl Jesus stets den Weg nach vorne weist (Lk 9,62) und sein Auftrag ist, die Menschen zu Gott zu führen, schickt er einen Menschen, der sich zu Gott wenden möchte, um seine Gaben am Altar zu opfern, sogar zurück. Er soll zuerst die Beziehung zu dem Menschen wieder aufnehmen, von dem er im Konflikt weggegangen ist, und sich versöhnen. Dann erst soll er wiederkommen und am Altar sein Opfer bringen (Mt 5,24).

In diesem Evangelium kommt klar zum Ausdruck: Erst die Bereitschaft zur Versöhnung kann den Weg zum Altar fruchtbar machen. Mit einer unversöhnlichen Haltung bleibt ein Teil unseres Herzens vor Gott verschlossen. Die Versöhnungsbereitschaft ist also eine Grundvoraussetzung, damit sich unsere Hinwendung zu Gott und unsere Bemühungen im Gebet segensreich auf unser Leben auswirken können. Jede Beziehung, ob in der Familie, in Lebensgemeinschaften, Ordensgemeinschaften, Freundschaften oder berufsbedingten Beziehungen, lebt davon, dass wir einander immer wieder verzeihen. Unversöhnlichkeit führt zu Beziehungsstörungen und Beziehungsabbrüchen. Ebenso mündet unser Weg zu Gott in einer Sackgasse, wenn wir in einer unversöhnlichen Haltung verharren.

Ich möchte dies mit einem Bild verdeutlichen: Ich habe ein Stück Land zur Verfügung gestellt bekommen und möchte, dass es gute Früchte hervorbringt. Ich lockere den Boden, grabe ihn um, dünge und bewässere ihn regelmäßig. Ich warte, dünge wieder, doch es wächst nichts, nur hie und da ein bisschen Unkraut. So würde es mir ergehen, wenn ich vergesse, den guten Samen in die Erde zu streuen. Auf unserem Weg zu Gott und in unserer Hoffnung, dass unser Leben gelingt, ist die Bereitschaft zur Versöhnung dieser gute Same. Es gilt, ihn jeden Tag neu zu streuen. Ohne ihn laufen unsere guten Absichten und unsere Bemühungen auf dem spirituellen Weg letztlich ins Leere. Ohne die Bereitschaft, uns mit unserem Nächsten und mit Geschehnissen, die uns verletzt haben, zu versöhnen, versperren wir uns selbst den Weg, den Jesus Christus aufgezeigt hat. Es ist der Weg, der den Menschen zur Einheit, zum Frieden und zur Liebe führen möchte. Nur aus einem versöhnten Herzen können Einheit, Friede und Liebe entspringen. Ohne die Bereitschaft zu vergeben, bleibt unser Herz unversöhnt und wird hart.

Am Ende des Vater Unsers erläutert Jesus einfach und unmissverständlich, warum die Versöhnungsbereitschaft so wichtig ist: „Denn wenn ihr den Menschen ihre Verfehlungen vergebt, dann wird euer himmlischer Vater auch euch vergeben. Wenn ihr aber den Menschen nicht vergebt, dann wird euch euer Vater eure Verfehlungen auch nicht vergeben" (Mt 6,14–15). Obwohl jede einzelne Zeile im Vater Unser von großer Bedeutung ist, greift Jesus abschließend nur die Versöhnungsbitte und den Versöhnungsauftrag nochmals auf. Es lag ihm am Herzen, dass die Bedeutsamkeit der Versöhnung wirklich verstanden wird und der Mensch erkennt, dass die Versöhnung auf einer gewissen Gegenseitigkeit beruht: Nur in der versöhnungsbereiten Haltung kann der Mensch die Versöhnung, die Gott schenkt, empfangen.

Bei kleineren Verletzungen bzw. Kränkungen ist es sehr wohl möglich, durch eine Willensentscheidung zu verzeihen oder durch ein offenes, klärendes Gespräch die Situation wieder zu bereinigen. Die Versöhnung einer tieferen Verletzung ist jedoch kein punktuelles Ereignis, sondern ein inneres Geschehen. Es ist ein Prozess, der Zeit braucht. In diesem Versöhnungsgeschehen begegnet der Mensch erneut seinen verletzten Gefühlen. Diese können so stark oder auch so bedrohlich sein, dass es nicht möglich ist, sie an sich heranzulassen. Hier braucht der Mensch viel Zeit und hilfreiche Gespräche, die ihm allmählich zu einem inneren Abstand verhelfen. Erst wenn dieser gegeben ist, wird es möglich sein, sich auf den inneren Versöhnungsprozess einzulassen, der in der Stille der Meditation geschieht.

Versöhnung hat nichts damit zu tun, sich selbst zu verbiegen, seinen Ärger und seine Wut gegen den verletzenden Menschen zu unterdrücken in der Annahme, ein guter Christ sei nicht wütend und habe immer alles sofort zu verzeihen. In der Nachfolge Christi haben widersprüchliche und feindselige Gefühle ebenso ihre Berechtigung wie jeder Schmerz, der durch eine Verletzung ausgelöst wurde. Im Zulassen und Tragen des Schmerzes können Wandlung und Heilung erfahren werden.

3.1 Wem muss ich verzeihen?

Grundsätzlich gilt es, mich mit den Menschen zu versöhnen, die mir auf meinem Lebensweg gestellt sind – ungefragt oder gefragt. Eine Person gehört auf jeden Fall immer dazu. Von ihr erzählt folgende Geschichte.

Ein Mönch zog sich in die Wüste zurück in der großen Sehnsucht, Gott näher zu kommen. Er betete und fastete mit großem Eifer. Eines Tages besuchte ihn Jesus und überraschte ihn mit der Frage: „Hast du dich auch ausgesöhnt?" „Oh ja", sagte der Mönch voller Freude. „Ich weiß um das Gebot der Versöhnung und ich weiß, wie wichtig es dir ist. Ich habe mich deshalb ganz bewusst mit allen versöhnt." „Mit wem hast du dich versöhnt?", fragte Jesus. Mit ein wenig Stolz antwortete der Mönch: „Mit meinen Mitbrüdern und auch mit meinem Abt, der mir gegenüber oft ungerecht war." „Mit wem noch?", fragte Jesus weiter. „Mit meinen Eltern, meinen Geschwistern und meinen Lehrern." „Und mit wem noch?", wollte Jesus weiter wissen. „Auch mit meinem Freund", gab der Mönch zur Antwort. „Und mit wem noch?" Der Mönch dachte nach, aber es fiel ihm niemand mehr ein. Schließlich sagte er etwas traurig und auch etwas verärgert, weil Jesus mit all seinen Bemühungen nicht zufrieden zu sein schien. „Jesus, ich habe wirklich versucht, mich mit allen zu versöhnen." Jesus schaute ihn liebevoll an und sagte: „Ich sehe wohl dein Bemühen und deinen guten Willen. Aber jemanden hast du vergessen. Du hast vergessen, dich mit dir selbst zu versöhnen, damit ich dir den Frieden schenken kann, den du hier suchst."

In seiner Sehnsucht, sich Gott zu nähern, nahm der Mönch große Entbehrungen auf sich. Er nahm den Versöhnungsauftrag ernst und war bemüht, die Versöhnung in all seinen Beziehungen zu konkretisieren. Er hatte dabei jedoch überhaupt nicht an sich selbst gedacht. Mit dem Thema Versöhnung werden in der Regel als Erstes unbereinigte zwischenmenschliche Konflikte verbunden. Doch gerade uns selber gegenüber sind wir manchmal sehr unbarmherzig. Wir tragen oft lange und schwer an unseren Schuldgefühlen und Selbstvorwürfen. Es fällt uns schwer, uns aufrichtig zu verzeihen. Umso wichtiger ist es, bewusst die versöhnungsbereite Haltung auch sich selbst gegenüber einzunehmen.

Das Gebot der Feindesliebe (Lk 6,27–35) gehört sicherlich zu den provozierendsten Forderungen im Neuen Testament. Es löst nahezu unmittelbar einen inneren Protest und Widerstand in uns aus. Es ist ja schon schwer genug, die Menschen, die einem wohlgesonnen sind, zu lieben. Bereits hier erfährt man immer wieder schmerzhaft seine Grenzen. Wie ist es dann möglich, das Gebot der Feindesliebe zu leben? Wie kann das „gehen?" Die Nächstenliebe (wenn der Nächste nicht unser Feind ist) und die Selbstliebe erscheinen uns um so viel einfacher zu sein als die Feindesliebe. C. G. Jung sagt jedoch in Bezug auf die Selbstliebe, dass das Einfachste das Schwierigste sei, und zwar ganz konkret, wenn es darum geht, sich selbst anzunehmen, wenn man den Feind in sich entdeckt. Dann kommt man schnell an seine Grenzen und hat keine Liebe mehr für sich und auch keine Geduld. Jesus ermutigt uns mit dem Gebot der Feindesliebe, auch das Feindselige im eigenen Herzen anzuschauen und demgegenüber eine versöhnliche Haltung einzunehmen. Diese neue Perspektive, dem Bösen in uns nicht zu widerstehen (Mt 5,39), ermöglicht ein Wachsen in der Selbstliebe und befähigt dazu, den äußeren Feind zumindest zu achten. Was man in sich angenommen hat, muss im Äußeren nicht mehr bekämpft werden. Die Spirale von Gewalt und Gegengewalt wird unterbrochen.

Der Versöhnung bedürfen ebenso Realitäten, auf die man keinen Einfluss hatte, und Geschehnisse, die meinen Lebensweg beeinträchtigt und erschwert haben. Konkret gilt es, sich zu versöhnen mit

- meiner Ursprungsfamilie
- meinem Geschlecht und meinem Aussehen
- meiner gesundheitlichen Konstitution

- meinen Charaktereigenschaften
- den Begabungen und Fähigkeiten, die ich nicht mitbekommen habe, und mit den Fähigkeiten und Stärken, die ich habe
- meinen Schwächen und Begrenzungen
- Fehlern, die ich gemacht habe und die ich nicht mehr rückgängig machen kann
- der Tatsache, dass ich andere Menschen brauche und verletzlich bin
- der Tatsache, dass ich endlich bin
- mit Gott, der mir meinen Lebensweg zugemutet hat
- mit Dingen, die ich nicht gemacht oder vernachlässigt habe
- mit dem, was ich in meinem Leben verpasst habe und nicht leben konnte.

Ohne Versöhnungsbereitschaft läuft man Gefahr, ein Leben lang mit diesen Realitäten und Geschehnissen zu hadern und unversöhnt zu bleiben.

Ein Beichtgespräch ist in dem Bemühen um die Versöhnung eine große Hilfe. Natürlich könnte an dieser Stelle viel über die Beichte gesagt werden, warum sie z.B. so in Vergessenheit geraten ist und viele Menschen Vorbehalte bzw. überhaupt keinen Bezug dazu haben. Ich möchte mich jedoch an dieser Stelle darauf begrenzen, auf ihre befreiende und erlösende Wirkung hinzuweisen, die auf dem Versöhnungsweg zu einem konkreten Neubeginn ermutigt. Mit der Beichte drückt der Mensch seine Bereitschaft aus, allem Feindseligen gegenüber eine versöhnliche Haltung einzunehmen. In einem geschützten Rahmen kann er, ohne eine Verurteilung zu befürchten, offen ausdrücken, was ihn belastet und bedrängt und was ihn hindert, sich zu versöhnen und sich selbst und seinen Nächsten zu lieben. Auch wenn unser Herz uns und andere noch verurteilt, erfahren wir in der Lossprechung den verzeihenden Gott, der größer ist als unser Herz (1 Joh 3,20). Hier wird dem Menschen zugesprochen, was ihm selbst schwerfällt zu glauben: Er ist zutiefst von Gott angenommen und geliebt. Für Gott gibt es keinen hoffnungslosen Fall. Die Vergebung, die der Mensch durch die Lossprechung konkret erfährt, stärkt ihn darin, die empfangene Vergebung in sein Leben zu tragen und in seinen Beziehungen weiterzugeben.

3.2 Die konkreten Schritte des Versöhnungsweges

Die Aussage des Apostels Paulus: „Lasst euch mit Gott versöhnen" (2 Kor 5,20), drückt deutlich aus, dass die Versöhnung ein passives Geschehen ist. Es ist jedoch ein Geschehen, dem sich der Mensch öffnen oder dem er sich verschließen kann. Gott gesteht dem Menschen diese Freiheit zu. Die Versöhnung, die Gott schenken möchte, nimmt ihren Weg über diese Freiheit. Paulus kann deshalb nur darum bitten, sich mit Gott versöhnen zu lassen. Mit den nachfolgend beschriebenen Schritten willigt der Mensch ein, sich auf diesen Weg einzulassen und ihn zu gehen, damit in ihm Versöhnung geschehen kann.

Ich nehme wahr, dass ich verletzt bin

Bei diesem ersten Schritt bin ich mir bewusst, dass ich verletzt bin, und ich wage es, auf diese Verletzung zu schauen und sie wahrzunehmen.

Da man jedoch nicht in jeder Lebensphase die Fähigkeit entwickelt hat, in einer konstruktiven Weise mit dem Schmerz umzugehen, den Verletzungen und Kränkungen ausgelöst haben, geschieht es nicht selten, dass diese schmerzhaften Erfahrungen verdrängt werden. Da verdrängte Verletzungen und Kränkungen aber im Unbewussten weiterwirken, können sie sich durch ganz unterschiedliche Weise ausdrücken.

Je nach Veranlagung zeigt sich das Unversöhnte z. B. durch eine große Empfindlichkeit. Wer hat nicht schon einmal den Hinweis bekommen: „Sei vorsichtig! Dies darfst du so nicht sagen, dies ist ein heikler Punkt bei ihr." Oder: „Dies darfst du auf keinen Fall vergessen, sonst ist er sehr gekränkt." Hier versucht jemand einem anderen Menschen eine Kränkung oder Verletzung zu ersparen. Wenn einer z. B. in einem Entscheidungsprozess nicht mit einbezogen und in seinem Anliegen nicht wahrgenommen wurde, erlebt er diese Situation als verletzend. Er fühlt sich ausgegrenzt und übergangen. Niemand hatte nach seiner Sichtweise und nach seinen Bedürfnissen gefragt. Diese Verletzung wirkt umso tiefer, je mehr ihm die Menschen bedeuten, die ihn ausgegrenzt haben. Wenn er über diese Situation jedoch hinweggeht und sich mit dem, was vorgefallen ist, nicht aussöhnt, wird der Schmerz dieser Verletzung in ihm bleiben. Ähnliche Situationen, in denen er nicht gefragt und einbezogen wird, sogar wenn sie unbedeutend erscheinen, lösen dann einen unverhältnismäßig großen Schmerz aus. Dieser große Schmerz gründet jedoch in der tieferliegenden, nicht ausgesöhnten Verletzung. Hinter einem „empfindlichen, kritikunfähigen Menschen" verbirgt sich nicht selten ein verletzter Mensch.

Unversöhntes kann sich auch in Vorwürfen ausdrücken, die man anderen oder auch sich selbst macht. Schuldzuweisungen und Schuldgefühle sind oft Ausdruck von Verletzungen. Unversöhntes kann dazu führen, dass jemand nicht mehr freundschaftsfähig ist, oft schlecht gelaunt, angespannt oder nervös ist. Es kann dazu führen, dass man beständig harte Urteile über andere Menschen fällt oder auch über sich selbst. Es führt dazu, dass sich jemand zurückzieht und das Leben bzw. andere Menschen nicht mehr an sich heranlässt. Menschen, die unversöhnt sind, leben oft in der Vergangenheit und werden von negativen Gefühlen aus dieser Zeit bestimmt.

Das Gefühl, Opfer der Umstände zu sein und in unterschiedlichen Situationen immer wieder in die Opferrolle zu rutschen, weist auf Unversöhntes hin. Nicht bearbeitete Situationen, in denen der Mensch tatsächlich hilflos war und zum Opfer wurde, führen dazu, dass sich jemand immer wieder als hilfloses Opfer fühlt. Antriebslosigkeit, Vergesslichkeit oder psychosomatische Auswirkungen sind hier oftmals unbewusste Ersatzlösungen für ausgebliebene Versöhnungsprozesse. Diese manchmal festgefahrenen Reaktionen hindern den Menschen daran, sein Leben in die Hand zu nehmen, was er objektiv gesehen könnte, da sich die äußeren Situationen schon längst verändert haben.

Unversöhntes kann auch gut versteckt unter einer Schicht Gleichgültigkeit, Oberflächlichkeit und Interesselosigkeit liegen. Jemand sagt z. B. – und nun überspitze ich die Aussage: „Mit meinen Eltern verstehe ich mich sehr gut. Wir haben keinerlei Probleme miteinander. Wir sehen uns einmal im Jahr für ein paar Stunden und da kommen wir gut miteinander aus. Auch wenn es für meine Eltern immer viel zu kurz ist, für mich passt es so.“ Hier wird deutlich, dass sich Beziehungen durch Unversöhntes zu einer Pflichterfüllung reduzieren können, die zwar freundlich, doch mit verschlossenem Herzen geschehen. Das Unverarbeitete drückt sich z. B. dadurch aus, dass die Bedürfnisse des anderen ignoriert werden oder nur eine geringe oder keine innere Anteilnahme für den anderen gegeben ist.

Die genannten Verhaltensweisen können Hinweise für Verletzungen sein, die noch nicht ausgeheilt sind. Meditation und Gespräche können Verdrängtes bewusst machen und ans Licht bringen, so dass man sich auf den nächsten entscheidenden Schritt des Versöhnungswegs einlassen kann.

Ich entscheide mich für die Versöhnung

Die größte Entscheidung deines Lebens liegt darin, dass du dein Leben ändern kannst, indem du deine Geisteshaltung änderst. (Albert Schweitzer)

Man kann diese Entscheidung nicht hoch genug schätzen. Mit ihr übernimmt der Mensch Verantwortung für sein Leben und ist bereit, sich den Tatsachen zu stellen. Sie führt ihn aus seiner passiven Opferrolle heraus.
Diese Entscheidung, sich mit seinem Schmerz auf den Versöhnungsweg einzulassen, kann niemand für einen anderen vollziehen. Sie wird natürlich erleichtert, wenn der andere um Verzeihung bittet. Bei einem Praktikum im Kindergarten habe ich beobachtet, wie die Erzieherinnen die Kinder dazu angehalten haben, sich zu entschuldigen, wenn ein Kind ein anderes Kind durch sein Verhalten gekränkt oder verletzt hat. Es war klar, ein Kind muss ler-

nen, sich zu entschuldigen. Dieser Lernprozess darf sich jedoch nicht auf die Einübung einer äußeren Umgangsform reduzieren. Ein angelerntes automatisches „Entschuldigung" hilft wenig. Es bleibt ohne Resonanz, wenn das verletzte Kind nicht auch spürt, dass es dem anderen leidtut. Deshalb ist es wichtig, durch Gespräche sein Einfühlungsvermögen zu fördern und gemeinsam nach Möglichkeiten der Wiedergutmachung zu suchen. In diesem Lernprozess erlebt das Kind auch, wie entlastend eine Versöhnung wirkt. Es erfährt, dass es durch ein konkretes Wiedergutmachungszeichen dazu beitragen kann, sich wieder zu vertragen. Trotz allen Wissens, wie wichtig und richtig eine Entschuldigung ist, wurde es bei den Erzieherinnen selber kaum praktiziert. Es war eher üblich, sich sofort zu rechtfertigen, Fehler zu bagatellisieren oder über sie hinwegzugehen.

Wir dürfen also mit dem Entschluss zur Versöhnung nicht warten, bis der andere einsichtig ist und seine Fehler eingesteht. Eine Frau sagte einmal zu mir: „Ich würde ihm ja verzeihen, aber er bittet mich nicht einmal um Verzeihung. Warum sollte ich ihm dann also überhaupt verzeihen?" Die Antwort ist einfach: „Weil du in dieser Trotz- und Warteposition dein Seelenheil vom Verhalten eines anderen Menschen abhängig machst. Du bleibst in negativer Weise mit ihm verbunden." Es kann sein, dass die andere Person aufgrund innerer Blockaden gar nicht in der Lage ist, die eigene Schuld zu erkennen. Wir würden vergebens auf ein Zeichen der Reue warten und dabei verpassen, die Verantwortung für unser Leben zu übernehmen. Der Entschluss zur Versöhnung ist also nicht davon abhängig, ob der andere seine Schuld einsieht und sie gesteht. Ich kann mich für die Versöhnung entscheiden, auch wenn der andere die Vergangenheit anders deutet als ich.

Erschwert wird die Entscheidung zur Versöhnung allerdings, wenn der Mensch, dem ich verzeihen möchte, mir nach wie vor die gleichen Verletzungen zufügt. Ich habe mich immer wieder gefragt, warum Jesus auf die Frage von Petrus: „Herr, wie oft muss ich meinem Bruder vergeben, wenn er sich gegen mich versündigt? Siebenmal?“, nicht einfach geantwortet hat: „Nein, nicht siebenmal, sondern immer!“ Seine Antwort lautet: „Nicht siebenmal, sondern siebenundsiebzigmal“ (Mt 18,21–22). Für mich bedeutet es, dass Jesus uns auffordert, eine großzügige Haltung seinen Mitmenschen gegenüber einzunehmen und nicht kleinlich zu zählen, wie oft man verziehen hat. Seine Antwort bedeutet für mich jedoch auch, dass es Grenzen gibt. Es kann erforderlich werden, *äußere* Grenzen zu setzen, um sich vor erneuten Verletzungen zu schützen. Manchmal muss man erst lernen, tatsächlich zu wagen, diese äußeren Grenzen zu setzen. Es ist jedoch wichtig, achtsam dafür zu bleiben, dass man keine *inneren* Grenzen setzt und Mauern aufbaut. Oft ist es leider umgekehrt: *Innerlich* macht man „zu“ und lässt den anderen nicht mehr an sich heran, und *äußerlich* lässt man sich nichts anmerken und macht so weiter, als sei alles in Ordnung.

Ich drücke meine Versöhnungsbereitschaft konkret aus

Es wird immer alles gleich ein wenig anders, wenn man es ausspricht.
(Hermann Hesse)

Mit dem nächsten Schritt fasse ich meinen Entschluss, mich zu versöhnen, in Worte. Es ist dabei nicht notwendig, dass ich meine Bereitschaft der betreffenden Person direkt sage. Vielleicht ist dies gar nicht mehr möglich, da sie bereits verstorben ist, weit entfernt lebt oder vielleicht gar keine Versöhnung möchte. Diesen Entschluss kann ich völlig losgelöst von der Person, die mich verletzt hat, vollziehen. Weil das Unversöhnte *in mir* liegt, in meinem Herzen, ist es belanglos, ob der Mensch, der mich verletzt hat, von meiner Versöhnungsbereitschaft weiß oder nicht.

Wenn ich meine Versöhnungsbereitschaft in Worten ausdrücke, formuliere ich keine allgemeine Aussage, wie z. B. „Ich verzeihe dir, dass du mir das angetan hast." Ich beginne meine Versöhnungsbereitschaft auszudrücken, indem ich zuerst den Menschen, der mich verletzt hat, bei seinem Namen nenne bzw. ihn in der mir vertrauten Form anspreche. Auf diese Weise wende ich mich bewusst dem Menschen zu, der mich verletzt hat. Die Nennung des Namens ist deshalb nicht unwesentlich. Ich bringe dann meine Bereitschaft zur Versöhnung zum Ausdruck und benenne, so konkret wie möglich, *was* ich ihm verzeihe: „Andreas, ich verzeihe dir, dass du dich nicht an unsere Abmachung gehalten hast und deinem Nachbarn weitererzählt hast, was ich dir anvertraut habe." Obwohl ich noch verletzt bin, d. h. wütend, verärgert oder traurig über das, was geschehen ist, kann ich sagen: „Und ich verzeihe dir das.“ Dies ist zunächst ein Willensentschluss – das Herz braucht noch Zeit. Es ist ja erst der Beginn des Versöhnungswegs. Ich kann mit meinem Willen meine Gefühle nicht auflösen. Diese Gefühle sind da, ob ich will oder nicht, und sie dürfen auch da sein. Ich bringe sie am Anfang des Versöhnungsweges ebenso zum Ausdruck wie meine Bereitschaft zur Versöhnung: „Andreas, ich verzeihe dir, dass du dich nicht an unsere Abmachung gehalten hast, *und* ich bin ziemlich wütend.“

Ich lasse meine Gefühle zu

Nachdem ich meine Versöhnungsbereitschaft konkret ausgedrückt habe, merke ich, dass Wut, Ärger, Hass, Selbstmitleid, Traurigkeit, Groll, Selbstgerechtigkeit, Rebellion, Gleichgültigkeit etc., also all die Gefühle, die durch die Verletzung in mir ausgelöst wurden, nach wie vor da sind. Auch wenn sie unangenehm und schmerzhaft sind – sie haben ihren Grund, und ich darf mir selbst die Erlaubnis für diese Gefühle zusprechen. Ich kann sagen: „Ich verzeihe dir, obwohl ich eine Mordswut habe, *und* ich darf eine Mordswut haben, weil es eine Verletzung ist.“ Franz Jalics fügte hier in seinen Ansprachen humorvoll hinzu: „Aber ich muss den andern deswegen nicht unbedingt umbringen.“ Wenn ich eine Handlung aufgrund einer Verletzung nicht ausführe, füge ich mir damit keinen Schaden zu. Ich muss die Gefühle nicht ausleben, sondern kann Einfluss auf sie und mein Verhalten nehmen. Negative und schmerzhafte Gefühle lösen sich nicht dadurch, dass ich mich permanent mit ihnen beschäftige, sie auslebe oder unterdrücke, sondern indem ich sie in Verbindung mit der

Gegenwart erleide. Ich lasse also gewähren, dass sie sich zeigen, ohne mich weiter mit ihnen zu beschäftigen.

Ich wende mich mit den verletzten Gefühlen der Gegenwart zu

Das spätlateinische Verb für „vergeben“ – „per-donare“ – bedeutet von seinem Ursprung her „geben“. Das Präfix „per“ soll hierbei das Verb verstärken. So bedeutet „per-donare“ „reichlich geben“. In der Meditation ist der Mensch eingeladen, Gott reichlich zu geben. In Bezug auf das Versöhnungsgeschehen bedeutet dies: alle negativen Gefühle, alle Vorwürfe, alle Schuldzuweisungen und Urteile, die sich aufgrund der Verletzung zeigen. Man übergibt sie Gott, indem man sie zulässt und sich nicht weiter mit ihnen beschäftigt. *Mit* den verletzten Gefühlen wendet man sich der Wahrnehmung der Hände und dem Namen Jesus zu. Mit jeder dieser innerlich vollzogenen Wende öffnet man sich für das Versöhnungsgeschehen.

Ich gestehe mir die Zeit zu, die ich brauche

Kein Sonnenstrahl geht verloren, aber das Grün, das er weckt, braucht Zeit zum Sprießen.
(Albert Schweitzer)

Mit dem Entschluss, Versöhnung zu leben, mit der Einwilligung, sich auf den Versöhnungsprozess einzulassen und den schmerzhaften Gefühlen im Namen Gottes zu begegnen, gehe ich der Gnade der Versöhnung entgegen, unabhängig davon, wie tief meine Verletzungen sind. Vergebung kann ein langer Prozess sein. Ich darf mich bei diesem Prozess getrost mit meinen Verletzungen Gott und seinem Wirken überlassen, der zu seiner Zeit meine Wunden heilen wird. Keine meiner Bemühungen auf dem Versöhnungsweg wird dabei verloren gehen. Unmerklich wandelt Gott die Wunden in kostbare Perlen (hl. Hildegard von Bingen), die ich rückblickend als wertvolle Erfahrungen erkenne. Sie gehören zu mir und meiner Lebensgeschichte und führen mich tiefer zu Gott und zu meinem wahren Wesen.

3.3 Ein Beispiel

Ich erinnere mich an eine Verletzung, die ich als junge Frau während eines Gesprächs erfahren habe. Jemand, der mir sehr wichtig war, sagte mir in einem Gespräch völlig unvermittelt: „Wenn das so ist, darfst du nicht mehr kommen." Ich war so getroffen, dass ich nichts darauf sagen konnte. Es war wie ein Schock für mich. Ich konnte diese Aussage nicht fassen und nicht verstehen. Ich fühlte mich ungerecht zurückgewiesen und war empfindlich in meinem Stolz getroffen. Da ich gar nicht wusste, was ich verkehrt gemacht hatte, wusste ich auch nicht, was ich verändern konnte. Dies führte mich in eine tiefe Verzweiflung. Allmählich lösten sich der Schock und die Verzweiflung in einer großen Traurigkeit, in Selbstmitleid und vielen Tränen auf. Nachdem sich der erste Schrecken gesetzt hatte, war ich entschlossen, den Versöhnungsweg, den ich damals schon kannte, zu gehen. Ich wollte nicht bei dieser bitteren Traurigkeit und dem großen Selbstmitleid stehen bleiben.

Nach einem Monat etwa war ich in der Lage, einen Brief zu verfassen und mein Unverständnis auszudrücken über das, was vorgefallen war. Es kam postwendend ein Antwortbrief. Es stellte sich heraus, dass ein Missverständnis zu dieser für mich verletzenden Äußerung geführt hatte, was der Mann jetzt bedauerte. Seltsamerweise hat mich dies weder getröstet noch versöhnt. Die Aussage tat mir weiterhin weh. Es verletzte mich nach wie vor, dass er mich so zurückgewiesen hatte. Ich ging jedoch den bereits eingeschlagenen Versöhnungsweg weiter, indem ich meine schmerzhaften Gefühle zuließ und mich darum bemühte – so wie es mir möglich war –, nicht an ihnen hängenzubleiben. Ich beschäftigte mich weder gedanklich mit ihnen noch lehnte ich sie ab oder bewertete sie. Ich ließ mich von diesen Gefühlen auch nicht „mitnehmen". Dies wäre z. B. der Fall gewesen, wenn ich mich ganz in das Selbstmitleid oder die Selbstgerechtigkeit hätte hineinfallen lassen oder, bildhaft ausgedrückt, wenn ich in den negativen Gefühlen „gebadet" hätte. Stattdessen nahm ich diese Gefühle wahr, stimmte zu, dass sie da sind, ohne mich weiter mit ihnen zu beschäftigen, und wandte mich *mit* ihnen der Gegenwart Gottes zu.

Diese innere Wende vollzog ich während des Tages und während der Meditation wieder und immer wieder. Die intensiven schmerzhaften Gefühle wurden allmählich schwächer. Es kamen keine Tränen mehr, wenn ich an die Situation dachte. Trotzdem dauerte es noch viele Monate, bis ein Besuch für mich wieder stimmig war. Bei dem Zusammentreffen spürte ich eine ungewohnte innere Freiheit und eine fast freudige Kraft, die es mir ermöglichte, mich ihm zuzuwenden und mich ihm sogar wieder zu öffnen. Ich war froh darüber, dass meine verletzten Gefühle nicht mehr weh taten und mich nicht daran hinderten, die Verbindung zu einem Menschen aufrechtzuerhalten, der mir eigentlich sehr wichtig war.

Im Laufe der Zeit erkannte ich, dass mich das Missverständnis nur deshalb so tief verletzen konnte, weil ich in meiner Kindheit schon einmal eine schmerzhafte Zurückweisung erfahren hatte, die ich völlig verdrängt hatte. Das Missverständnis traf mit ganzer Wucht in diese unausgeheilte Wunde, für die der Mann nicht verantwortlich war und die er auch nicht ahnen konnte. So hat er zwar den Schmerz in mir ausgelöst, aber die Heftigkeit des Schmerzes nicht verursacht. Der Mann entschuldigte sich für das Missverständnis und danach war für ihn wieder alles in Ordnung. Für mich war es aber ein großer Schmerz, dieser Wunde, die ja bereits in mir lag, wieder zu begegnen. Nach dem Versöhnungsprozess fühlte ich mich innerlich jedoch nicht nur viel freier, sondern auch ganz wörtlich genommen selbstbewusster: Ich war mir meiner selbst viel bewusster, wusste um meinen „wunden Punkt" und konnte nun ein viel größeres Verständnis für mich aufbringen. Ich habe erfahren, dass Gottes Gegenwart tatsächlich die Wunden heilt. Diese Erfahrung vertiefte meinen Glauben an Gott und erfüllte mich mit Dankbarkeit und Zuversicht.

Jahre später erzählte ich jemandem von dieser Begebenheit. Der Mann fragte vorsichtig nach, ob ich ihm denn sagen würde, welches Missverständnis damals vorgelegen hatte. „Natürlich", gab ich spontan zur Antwort – doch dann fiel mir das Missverständnis nicht mehr ein. Ich war völlig irritiert. Es war für mich eine so tiefe Verletzung gewesen und nun wusste ich nicht einmal mehr den Grund dafür. Dies zeigte mir jedoch, dass ich wirklich ausgesöhnt war. Der Fehler des anderen war mir nicht mehr sofort präsent und er war tatsächlich nicht mehr wichtig. Ich war innerlich frei und in Frieden mit dem, was passiert war.

3.4 Was die Bereitschaft zur Versöhnung blockieren kann

Das alte Gesetz von „Auge um Auge“
hinterlässt auf beiden Seiten Blinde.
(Martin Luther King)

Das innere Gefängnis

Die Zeit heilt Wunden, sagt ein bekanntes Sprichwort. Jedoch ohne Vergebung aus ganzem Herzen (Mt 18,35b) und die entschiedene Bereitschaft, den aufgezeigten Versöhnungsweg zu gehen, können Wunden in der Tiefe zu „eitern“ beginnen. Sie können über Jahrzehnte hinweg blockierend und einengend in unser Leben hineinwirken, auch wenn der Schmerz der Verletzung nicht mehr bewusst wahrgenommen wird.

Ein erschreckendes Beispiel war für mich meine Nachbarin, eine 70-jährige Witwe, die allein lebte. Als sie einmal krank war, besuchte ich sie und fragte, ob ich etwas für sie tun könne. Sie lud mich ein, mich kurz zu setzen. Auf meine Frage nach Angehörigen oder Verwandten, fing sie zu schimpfen an. Am meisten klagte sie über ihre Tochter, die in der gleichen Stadt lebte. Als ich meinte, es wäre doch gut, ihre Tochter zu informieren, dass sie krank sei, steigerte sich ihre Entrüstung noch mehr. Im Laufe des Gesprächs erfuhr ich, dass sie seit Jahrzehnten keinen Kontakt mehr zu ihrer Tochter – ihrem einzigen Kind – hatte. Ich kann mich noch gut erinnern, wie betroffen ich war, als sie mit strahlenden Augen anfing, von ihrer eigenen Beerdigung zu erzählen. Ihr Sarg werde mit vielen roten Rosen geschmückt sein und eine Musikkapelle werde spielen. Und immer wieder sagte sie den Satz: „Ja, und dann werden sie schauen." In all ihrer Verlassenheit und Verletztheit war diese Vorstellung von ihrer eigenen Beerdigung mit den vielen Rosen und der Musikkapelle ihre einzige Freude und Genugtuung.

Hier wurde mir vor Augen geführt, wie sehr ein Mensch durch seine Unversöhnlichkeit vereinsamen und verhärten kann. Die Gründe für ein unversöhnliches Verhalten können unterschiedlich sein:

- die Vorstellung, dass es bei einer Verletzung in erster Linie darum gehe, den Schuldigen zu suchen. Der Schuldige habe dann zu leiden;
- die Überzeugung, man sei berechtigt, den anderen mit Verachtung und Ablehnung zu bestrafen;
- der Glaube, dass man bestimmte Dinge niemals verzeihen dürfe;
- die Annahme, dass sich der andere nicht ändern werde und es deshalb keinen Sinn mache, ihm zu verzeihen;
- die Befürchtung, dass die anderen glauben könnten, dass ich nur verzeihe, weil ich eigentlich im Unrecht bin;
- die Angst, dass man selbst dabei zu kurz kommt;
- die Annahme, dass sich damit nichts mehr für mich verändern wird.

Die Unversöhnlichkeit wird durch die aufgeführten Gründe gerechtfertigt und untermauert. Es kann sein, dass man an der Unversöhnlichkeit festhält, weil man auf einen indirekten Nutzen nicht verzichten möchte, den eine Opferrolle sehr wohl mit sich bringen kann:

- die erhöhte Zuwendung durch andere, die einen als Leidenden wahrnehmen;
- die Rechtfertigung der eigenen Passivität, die man dem Leben gegenüber einnimmt;
- das Selbstmitleid, das als durchaus „angenehmeres" Gefühl bewertet wird als die Angst vor der Verantwortung, sein eigenes Leben in die Hand zu nehmen;
- die Genugtuung, die man erfährt, wenn man auf der Anklagebank sitzt.

Dies kann, überspitzt ausgedrückt, als „seelischer Wohlstand" bezeichnet werden. Er sperrt den Menschen in ein inneres Gefängnis der immer wiederkehrenden Gedanken und Gefühle, die das Lebensgefühl bleibend eintrüben. Mit dem Groll, den der Mensch dabei hütet, vergiftet er sich selbst (Max Scheler). Die Tür zur Freiheit und zum inneren Frieden bleibt verschlossen. Der Entschluss zur Versöhnung würde bedeuten, bereit zu sein, auf diesen indirekten Nutzen zu verzichten.

Der Ausweg

Der Mensch wird des Weges geführt, den er wählt.
(Aus dem Talmud)

Mit der Entscheidung zur Versöhnung wählt der Mensch den Ausweg aus dem inneren Gefängnis. Es ist eine Entscheidung, die ins Leben führt. Gott lässt den Menschen die Freiheit, doch fordert er ausdrücklich dazu auf, das Leben zu wählen: „Leben und Tod lege ich dir vor, Segen und Fluch. Wähle also das Leben, damit du lebst, du und deine Nachkommen“ (Dtn 30,19b). Die Entscheidung zur Versöhnung kann weder übertragen noch stellvertretend für jemanden gemacht werden. Jeder Mensch trifft sie für sich, für das Gelingen seines Lebens und für seine Beziehung zu Gott, die er nicht blockieren möchte. Gott drängt niemandem das Gute und Heilsame auf. Er wirkt nur heilsam, wenn der Mensch die Heilung auch zulassen möchte. Aus diesem Grund ist der Entschluss für die Versöhnung so wesentlich. Mit ihm setzt der Mensch einen neuen Anfang und wählt den Weg, der zum Leben führt.

In schweren Lebenssituationen oder bei Krankheiten, wie z. B. bei Depressionen, ist ein Mensch allein oft überfordert. Hier ist es wichtig, dass jemand therapeutisch begleitet wird und Hilfe von außen erfährt, die ihn befähigt und ermutigt, das Leben zu wählen. Selbst bei einem Nein zum Leben wählt jemand bereits das Leben, wenn er sich Hilfe sucht und bereit ist, Hilfe anzunehmen.

3.5 Mögliche Missverständnisse

Das Thema Versöhnung ist oft mit vielen Missverständnissen behaftet. Sie führen dazu, dass sich Menschen nicht versöhnen wollen oder auf dem Versöhnungsweg stecken bleiben, so dass wirkliche Versöhnung nicht geschehen kann. Einige dieser Missverständnisse zähle ich nachfolgend auf.

Ich reduziere die Versöhnung auf ein Lippenbekenntnis

Bei diesem Missverständnis sagt jemand zwar, dass er verzeiht, doch er bleibt in seinem Verhalten unversöhnlich. Hier wird der Versöhnungsweg so radikal abgekürzt, dass ein Versöhnungsprozess erst gar nicht stattfinden kann. Ich möchte diese Haltung mit einer Szene aus dem Film „Kleopatra“ verdeutlichen: Eine Dienerin hat die Absicht, Kleopatra zu vergiften. Sie ist dabei jedoch so aufgeregt, dass sie zittert, als sie Kleopatra den vergifteten Trunk reicht. Kleopatra merkt sofort, was im Gange ist. Daraufhin fällt ihr die Dienerin zu Füßen und ruft: „Verzeihe mir! Verzeihe mir!“ Kleopatra steht erhobenen Hauptes da, mit dem Becher in der Hand und sagt: „Ich verzeihe dir! – Aber nun trink!“

Diese Szene hat auf den ersten Blick scheinbar nichts mit unserem Leben zu tun. Ich glaube jedoch, dass diese Weise zu verzeihen im übertragenen Sinne, besonders auch in frommen Kreisen, oftmals praktiziert wird. Da man weiß, wie wichtig es ist zu verzeihen, sagt man zwar: „Ich verzeihe ihm“ bzw. „Ich habe ihm verziehen“, denkt jedoch dabei: „Aber der braucht mir nicht mehr kommen!“ – „Den lass ich nicht mehr an mich heran!“ – „Der ist für mich gestorben!“ In dieser Art und Weise habe ich natürlich – so wie Kleopatra – überhaupt nicht verziehen.

Ich nehme mir vor, mich nicht mehr verletzen zu lassen

Wir werden eingetaucht
und mit dem Wasser der Sintflut gewaschen,
wir werden durchnäßt
bis auf die Herzhaut.

Der Wunsch nach der Landschaft
diesseits der Tränengrenze
taugt nicht,
der Wunsch, den Blütenfrühling zu halten,
der Wunsch, verschont zu bleiben,
taugt nicht.

Es taugt die Bitte, [...]
... daß wir aus der Flut,
daß wir aus der Löwengrube und dem feurigen Ofen
immer versehrter und immer heiler
stets von neuem
zu uns selbst entlassen werden.[27]
(Hilde Domin)

Auch mit diesem Entschluss will man den schmerzhaften Versöhnungsprozess vermeiden. Versöhnung wird erst gar nicht zum Thema, da man sich zum Ziel setzt, zukünftig so durch das Leben zu gehen, ohne sich verletzen zu lassen. Diese Menschen geben sich stärker, als sie sind, weichen Konflikten aus, sehen über Ungerechtigkeiten hinweg, nehmen es mit der (inneren) Wahrheit nicht so genau und meinen, in dieser Weise sei es möglich, ständig in harmonischen Beziehungen zu leben. Stattdessen laufen sie Gefahr, dass ihr angelegter Schutzmantel zu einem inneren Schutzpanzer wird, den sie nicht mehr ohne weiteres ablegen können. Sie büßen ihre Lebendigkeit und Authentizität ein, müssen ihre negativen Gefühle verleugnen und verlieren immer mehr den Kontakt zu sich selbst. Beziehungen können nur noch entsprechend oberflächlich gelebt werden. Frustrationen, Enttäuschungen und eine große Einsamkeit sind vorprogrammiert, da dieses Lebenskonzept der Wirklichkeit nicht standhalten kann.

Es ergeht ihnen, bildhaft ausgedrückt, wie einer Blumenzwiebel, die sich dazu entschließt, in der sicheren Erde zu bleiben. Auch wenn dort ihre Blätter von keinen Insekten angefressen werden können und weder Kälte noch Hitze ihren Blüten schaden werden, fehlt ihr doch das Licht. Mit dem Versuch, den Schmerz von sich fernzuhalten, hat sie verhindert, dass sie sich entfalten konnte, was in ihr verborgen liegt. Sie hat nicht erfahren, was es bedeutet, zu wachsen und zu reifen und dabei immer mehr die zu werden, die sie in Wirklichkeit ist. Deshalb „... der Wunsch, verschont zu bleiben, taugt nicht. Es taugt die Bitte, ... immer versehrter und immer heiler stets von neuem zu uns selbst entlassen werden."

Wenn ich verzeihe, muss ich auf mein Recht verzichten

Hier nimmt jemand an, man müsse sich abfinden mit dem, was passiert ist, und sich seinem Schicksal ergeben. Man dürfe also seine Rechte nicht einfordern. Diese Annahme verurteilt zu einer Passivität, die nicht selten ein depressives Lebensgefühl nach sich zieht.

Mit dem Entschluss zur Versöhnung verzichtet man explizit auf Taten der Rache, jedoch nicht darauf, sich für das Recht, das einem zusteht, einzusetzen. Entscheidend dabei ist die innere Haltung. Der kontemplative Weg orientiert den Menschen auf seinem „inneren" Versöhnungsweg, der es ermöglicht, sich tatkräftig, ohne Bitterkeit und Hass für sein Recht einzusetzen, also „mit versöhntem Herzen zu kämpfen" (Frère Roger, Gründer der ökumenischen Gemeinschaft von Taizé).

Wenn ich verzeihe, brauche ich den Konflikt nicht mehr anzusprechen

Ich muss hier an die Erzählung eines Ordensmannes denken, der mit seinen meditierenden Mitbrüdern Schwierigkeiten hatte. Wenn einer von ihnen einen Konflikt hatte, ging er in die Kapelle zum Meditieren und ließ den anderen einfach stehen. Wenn er dann wieder aus der Kapelle kam, fühlte er sich gut und er verhielt sich so, als hätte es keinen Konflikt gegeben. Von einem ähnlichen Umgang mit Konflikten erzählte mir auch eine Ehefrau in einem Begleitgespräch. Sie war stolz, dass sie und ihr Mann es schafften, regelmäßig am Morgen gemeinsam zu meditieren. Im gleichen Gespräch verglich sie ihre Ehe mit einem kaputten Auto, das nicht mehr fährt. Das Ehepaar meditierte gemeinsam, sprach aber nicht über die großen Probleme in ihrer Ehe.

Es ist wichtig, dass man auf dem inneren Versöhnungsweg äußeren Konflikten und damit seinen Mitmenschen nicht aus dem Weg geht. Man würde ansonsten die Meditation verzwecken, um unangenehme Gespräche zu vermeiden und den eigenen Schwierigkeiten auszuweichen.

Damit das Gemeinschaftsleben und die zwischenmenschlichen Beziehungen gelingen, braucht es die Kommunikation und das Austragen von Konflikten. Wenn Konflikte jedoch vermieden und „unter den Teppich gekehrt" werden, verliert das Gemeinschaftsleben an Echtheit und Lebendigkeit. Der Zusammenhalt schwindet, der Arbeitsalltag wird belastet und die Kraft und die Anziehung einer Gemeinschaft gehen verloren.

Ich muss verzeihen

Das Wissen um die Notwendigkeit der Versöhnung kann einen Druck bewirken und Schuldgefühle auslösen, wenn man in sich spürt: „Ich sollte eigentlich verzeihen …, aber ich kann es nicht." Dieses Eingeständnis wird wie eine Niederlage empfunden und belastet zusätzlich. Der Weg der Versöhnung ist jedoch stets ein Weg, der in Freiheit gegangen wird und der sehr wohl auch Zeiten mit einschließen kann, in denen man noch nicht bereit bzw. imstande ist, sich auf einen Versöhnungsweg einzulassen. Es braucht Zeit, sich von schlimmen Geschehnissen zu distanzieren, so dass die Wunden aufhören können zu bluten. Dies ermöglicht, dass die Bereitschaft zur Versöhnung im Menschen wachsen kann.

3.6 Heilende Auswirkungen

Innere Freiheit

Dann werdet ihr die Wahrheit erkennen, und die Wahrheit wird euch befreien.
(Joh 8,32)

In der Meditation ist der Mensch eingeladen, sich mit allem, was ihn belastet und blockiert, Gottes Gegenwart zuzuwenden. Schutz- und Abwehrmechanismen, die für die Bewältigung des Alltags notwendig sind, verlieren in der Hinwendung zu Gott an Bedeutung. Durch das Fehlen von Ablenkungen können Impulse des Unbewussten freigesetzt werden. „Eine der ersten Wirkungen des kontemplativen Gebetes ist diese Freisetzung der Energien des Unbewussten."[28] Was im Verborgenen liegt und was das Herz bedrängt, darf sich in der Meditation zeigen und kann ins Bewusstsein treten. Belastendes aus der Vergangenheit oder Beängstigendes in der Zukunft kann so vergegenwärtigt werden. Das Sichtbar-werden-Dürfen der unterschiedlichsten Gefühle, die weder bewertet noch beurteilt werden müssen, ermöglicht eine unmittelbare Entlastung und Befreiung.

In der Meditation geht es nicht darum, anders zu empfinden, sondern wahrhaftig mit den eigenen Empfindungen umzugehen. Die versöhnungsbereite Haltung lässt diese Empfindungen gewähren und bekämpft sie nicht. Dieser Einsatz für die Versöhnung ist auch ein Einsatz für die Wahrheit, da alles, was im Menschen ist, ans Licht kommen darf. Im schlichten Wahrnehmen und Zulassen dessen, was ist, kann sich die Wahrheit zeigen. Mit dem Zulassen der verletzten Gefühle tritt man aus einer inneren Einengung heraus. Die Freiheit besteht darin, diese Gefühle zuzulassen und zu erkennen, dass man darüber entscheiden kann, worauf man seine Aufmerksamkeit richtet. Automatisierte Reaktionen auf Verletzungen nehmen den Menschen diese Entscheidungsfreiheit. In der Meditation werden diese oftmals überhaupt erst bemerkt, denn: „Meditation ist der Alltag in Zeitlupe" (Franz Jalics). Innere Abläufe können durch das Fehlen von Ablenkungen bewusster wahrgenommen werden. Diese bewusste Wahrnehmung ermöglicht es erst, automatisierte Reaktionen und Reflexe zu unterbrechen. Man ist ihnen dadurch nicht mehr ausgeliefert und hat die Möglichkeit, anders zu reagieren. Immer den Gefühlen und Reflexen zu folgen wäre nicht Freiheit, sondern das genaue Gegenteil davon. Man bliebe in ihnen gefangen. Die bewusste

Lenkung der Aufmerksamkeit, sich mit seinen verletzten Gefühlen der Wahrnehmung seiner Hände und dem Namen Jesu zuzuwenden, ermöglicht dem Menschen eine größere innere Freiheit, zu der er berufen ist (Gal 5,13). Unmerklich geschieht dabei die Heilung der verletzten Gefühle. Man erfährt es als eine große Befreiung, wenn man nach einem Versöhnungsprozess ohne seelische Schmerzen an die Verletzungen zurückdenken kann.

Neubeginn

Alles wandelt sich. Neu beginnen
kannst du mit dem letzten Atemzug.
(Bertolt Brecht)

Die Kraft der Meditation kann sich entfalten, wenn der Mensch seine schmerzhaften Gefühle, die sich in ihm aufgrund einer Verletzung aus der Vergangenheit melden, *jetzt* zulässt. Indem er sich seiner Verwundbarkeit stellt, den Schmerz darüber an sich heranlässt und sich mit diesen Gefühlen der Gegenwart zuwendet, entscheidet er sich, *jetzt* im Sinne Gottes weiterzumachen. Er setzt damit bewusst einen neuen Anfang und öffnet sich dem Hier und Jetzt. Durch diese Öffnung, auch wenn sie minimal zu sein scheint, kann Gottes heilbringende Gegenwart zum Menschen fließen. Der Mensch erfährt, dass er die Gedanken und Gefühle zulassen kann, die durch eine Verletzung in ihm ausgelöst worden sind, ohne ihnen ausgeliefert zu sein. Er wendet sich mit den verletzten Gefühlen der Wahrnehmung seiner Hände sowie dem Namen Jesu zu. Mit dieser innerlich vollzogenen Wende stehen sie nicht mehr im Zentrum der Aufmerksamkeit. Er geht in Distanz zu seinen negativen Gefühlen und gleichzeitig auch zu dem negativen Einfluss der Person, die ihn verletzt hat: Das Denken und Fühlen wird nicht mehr von dieser bestimmt. Hier übt man die Haltung ein, sich stets aufs Neue *mit* seinen negativen Gefühlen der Gegenwart zu öffnen und sich dem Namen Jesu zuzuwenden. Wenn man jedoch nur um die verletzten Gefühle kreist, bleibt man an die Vergangenheit gebunden. In ihr ist keine Veränderung möglich. Darüber kann man verzweifeln. „Wenn uns Verzweiflung überkommt, liegt es gewöhnlich daran, dass wir zu viel an die Vergangenheit oder die Zukunft denken" (Therese von Lisieux). Da man sich der Gegenwart verschließt, kann es zu Verhaltensverzerrungen kommen, die weitere Konflikte im Hier und Jetzt nach sich ziehen und das Leben zusätzlich belasten.

Die versöhnungsbereite Haltung hingegen hält nicht mehr an dem Alten fest, sondern öffnet sich für Neues (2 Kor 5,17). Man wächst mehr und mehr in das Geheimnis des steten Neubeginns hinein. Dieses Geheimnis ist Ausdruck des Wirkens des Heiligen Geistes, der weht, wo er will (Joh 3,8a). Er möchte beständig den frischen Wind der Vergebung in unser Leben bringen. Robert Spaemann bezeichnet die Lehre von der Vergebung als das Wichtigste am Christentum. Der Mensch darf in seiner Verletzbarkeit und in seinen Begrenzungen auf die vergebende Liebe Gottes vertrauen. Es geht im Christentum nicht darum, perfekt zu sein und damit auch unverletzbar und sich keine Fehler zu erlauben, sondern es geht darum, sich stets aufs Neue in seiner Verletzbarkeit und in seinen Begrenzungen Gott zuzuwenden, der den Menschen liebt, so wie er ist, und ihn zum Leben ermutigt (Joh 16,33b).

Selbsterkenntnis

Die realistische Selbsteinschätzung ist das Erste, was auf dem Weg zu Gott notwendig ist.
(Johannes vom Kreuz)

Durch die stille Zeit der Meditation und durch das Fehlen von Ablenkungen können unbewusste und verdrängte Anteile ins Bewusstsein kommen. Gefühle, die sich zeigen, können nicht auf andere projiziert werden. Der Meditierende nimmt deutlich wahr, dass er selbst diese Gefühle hat. Die Selbstbegegnung fördert die Sensibilität für das eigene Empfinden. Die Erfahrung, in der Stille da sein zu dürfen, ohne beurteilt oder verurteilt zu werden, ermutigt dazu, in den Blick zu nehmen, wie man tatsächlich ist und empfindet und nicht, wie man sich denkt und wünscht. Anteile, die eigentlich nicht in das eigene Selbstbild passen, können zugelassen werden. Die Selbstwahrnehmung wird entsprechend erweitert.

Jesus knüpft im Gespräch mit Simon, dem Pharisäer, eine Verbindung zwischen der Vergebung, die ein Mensch erfahren hat, und seiner Fähigkeit zu lieben. Er sagt: „Wem aber nur wenig vergeben wird, der zeigt auch nur wenig Liebe“ (Lk 7,47b). Der Unterschied zwischen dem Pharisäer und der Sünderin liegt also nicht an dem Mehr oder Weniger an Schuld, sondern an dem Mehr oder Weniger an Selbsterkenntnis und dem Bewusstsein der damit einhergehenden Versöhnungsbedürftigkeit. Es ist klar: Ein selbstgerechter Mensch nimmt den eigenen Schatten und damit die eigene Versöhnungsbedürftigkeit nicht wahr. Er sieht keinen Grund, bei sich etwas zu verändern, und ver-

schließt sich dadurch jeglicher Weiterentwicklung. Dies bedeutet: „Er bleibt so, wie er ist."
Im Erkennen der eigenen Versöhnungsbedürftigkeit hingegen hofft der Mensch auf Versöhnung und er glaubt an die eigene Weiterentwicklung. Er glaubt aber auch an die Weiterentwicklung des anderen und dass hinter jedem Einzelnen ein verletzliches und zur Veränderung fähiges Wesen steckt. Jeder Mensch ist trotz all seiner Abgründe und Fehler ein Ebenbild Gottes. Diese Sichtweise ermöglicht es, Menschen nicht mit ihrem Tun gleichzusetzen. Die Versöhnungsschritte verhelfen dazu, die Achtung vor keinem menschlichen Wesen zu verlieren. Die Selbsterkenntnis, die eigene Verfehlungen, Schuld und Defizite in den Blick genommen hat, lässt auch die eigene Versöhnungsbedürftigkeit erkennen. Vielleicht kann auf Dauer, immer wieder neu und aus ganzem Herzen nur jener verzeihen, der um seine eigene Versöhnungsbedürftigkeit weiß.

4. Leidensbereite Haltung: Leidvollem begegnen und es tragen[29]

Wer mein Jünger sein will, der verleugne sich selbst, nehme sein Kreuz auf sich und folge mir nach.
(Mt 16,24)

Damit die Versöhnungsbereitschaft zur Versöhnung führt, in der die verletzten Gefühle nicht mehr weh tun, bedarf es einer leidensbereiten Haltung, in der der Mensch bereit ist, dem Schmerz einer erlittenen Verletzung noch einmal zu begegnen. Schmerz und Leid sind Erfahrungen, die jeder von uns kennt und die jeden tagtäglich aus vielfachen Gründen und in unterschiedlichem Ausmaß treffen können. Wir können schmerzhafte Erfahrungen nicht immer verhindern oder ihnen ausweichen und wir können auch andere, geliebte Menschen nicht davor bewahren. Trotz alledem werden Schmerz, Leid und Tod in unserer Zeit mehr denn je ausgeblendet und tabuisiert. Beerdigungen finden zunehmend in aller Stille und nur im engsten Familienkreis statt. Die Belastungen für Familien und ihr Scheitern daran nehmen zu. Die schmerzhaften Auswirkungen auf die einzelnen Familienmitglieder verbleiben im privaten Raum. In der Werbe- und Medienwelt haben die Gebrochenheit und Zerbrechlichkeit des Lebens, Krankheiten und Schicksalsschläge kaum Platz und werden der Öffentlichkeit eher als etwas Sensationelles präsentiert. Stattdessen wird mit lachenden und strahlenden Gesichtern der Anschein erweckt, es sei „normal", gesund, dynamisch, unbeschwert und erfolgreich zu sein.

Das Thema Leid ist auch im Religiösen ein schwieriges Thema. Man spricht viel lieber von einem „lieben Gott" als von einem Gott, der alles Verstehen übersteigt (Phil 4,7), der unbegreifbar ist, der Tod, Krankheit und Ungerechtigkeiten zulässt. So ein Gottesbild kann man nicht in Einklang bringen mit einem Gott, der die Liebe ist und der eigentlich kein Leid will. Der Mensch selbst will ja auch nicht leiden. Jedoch genau hier, bei dem Willen des Menschen, setzt Jesus mit seiner Bedingung zur Nachfolge an. Er leitet sie mit den Worten ein: „Wer mein Jünger sein *will* …" Jesus respektiert den Willen und damit auch die Freiheit des Menschen. Nur für jene, die ihm nachfolgen *wollen*, sagt er: „… der verleugne sich selbst, nehme sein Kreuz auf sich und folge mir nach" (Mt 16,24).

Die Bedingung, sein Kreuz täglich zu tragen, erscheint in einer Gesellschaft, in der Wellness, Spaß und gute Unterhaltung zentrale Orientierungspfeiler geworden sind, alles andere als zeitgemäß und populär. Jesus macht jedoch den Menschen nichts vor. Seine Bedingung macht vielmehr deutlich: Das Kreuz ist einfach da – in jedem Leben. Auch wenn man das Kreuz aus den Klassenzimmern verbannt, Schmerz und Leid sind trotzdem da. Wie der Mensch aber damit umgeht, ist entscheidend für seinen Glaubensweg, für die Meditation und für sein Leben als Ganzes. Die Bedingung Jesu zur Nachfolge, sein Kreuz täglich zu tragen, gibt eine Orientierung, die jeden Christen klar erkennen lässt, wie ernst es ihm mit der Nachfolge tatsächlich ist. Er kann daran ablesen, wieweit er sich dem Unangenehmen und Schmerzhaften in seinem Leben stellt oder sich verschließt und ihm ausweicht. Ohne diese Orientierung, wie der Mensch dem Leid in seinem Leben begegnen kann, ist die Gefahr der

Verzweiflung groß, wenn ihm Leidvolles widerfährt. Menschen, die viel Leid erfahren und den Glauben an Gott dabei nicht verloren haben, geben ein ermutigendes Zeugnis dafür, dem Schmerz im Namen Gottes zu begegnen. In der Hinwendung zu Gott erfahren sie eine Kraft, die es ihnen ermöglicht, die schweren Zeiten zu durchleben und aus ihr mit einer größeren menschlichen Reife herauszugehen.

4.1 Der entscheidende Unterschied

Bewahre mich vor dem naiven Glauben, es müsste im Leben alles glattgehen. Schenke mir die nüchterne Erkenntnis, dass Schwierigkeiten, Niederlagen, Misserfolge, Rückschläge eine selbstverständliche Zugabe zum Leben sind, durch die wir wachsen und reifen.[30]
(Antoine de Saint-Exupéry)

Das 21. Jahrhundert zeichnet sich durch seine pluralisierte Welt aus, in der das Leben schneller, anonymer, technisierter und komplizierter geworden ist. Der Mensch muss zurechtkommen mit einer Flut von Informationen, die kaum mehr zu verarbeiten ist, mit komplexen Lebenszusammenhängen, die ein hohes Maß an Flexibilität einfordern, und mit einem Berufsleben, das durch Konkurrenzkampf, Leistungs- und Zeitdruck geprägt ist. Der Einsatz von Medien bewirkt, dass Beziehungen in einem zunehmenden Maße nicht mehr unmittelbar gelebt werden. Nicht wenige fühlen sich durch die Anforderungen der „äußeren Welt" überfordert. Die „innere Welt" bleibt oftmals auf der Strecke. Gefühle der inneren Leere, der Unrast und der Sinnlosigkeit lassen den Menschen ahnen, dass „etwas" nicht stimmt.

Das daraus resultierende Interesse an Spiritualität und Meditation lässt erkennen, wie sehr Menschen heute auf der Suche nach Entspannung, Ruhe, Stille und Lebenssinn sind. Viele Meditationsangebote reagieren darauf und sprechen von Harmonie, Eins-Sein und Stille. Sie schüren die Vorstellung, dass die Meditation eine „Oase für die Seele" sei, eine Zeit, in der sich der Mensch entspannt und sich mit einem Wohlgefühl seinem Alltagsstress entziehen könne. Hier wird als vordergründiges Ziel ein entspannter Zustand angestrebt und Schmerz und Leid werden ausgeblendet. Viele sind deshalb erstaunt, wenn das Thema „Leid" und „Schmerzen" mit der Meditation in Verbindung gebracht wird. Es geht auch in der christlichen Meditation um einen entspannten Zustand. Er steht jedoch nicht im Zentrum und ist nicht das angestrebte Ziel. Hierin liegt der entscheidende Unterschied. Die Glaubwürdigkeit jeder Religion und der damit verbundenen spirituellen Praxis spiegelt sich in der Art und Weise, wie mit Leid und Schmerz umgegangen wird. Ziel jeder wahren Religion ist es, dass der Mensch sein Leben auf Gott ausrichtet und in dieser Verbundenheit sein Heil findet. Auf diesem Weg ist er bereit, seinem persönlichen Kreuz zu begegnen und es zu tragen. Die Wandlung, die er dabei erfährt, vollzieht sich unmerklich und oftmals über Schmerzen, die sich auch in der Meditation zeigen können. Wenn der Mensch in erster Linie Entspannung anstrebt, kann er keinen Sinn darin erkennen, warum er Schmerzhaftes durchleben sollte. Er wird Schwierigkeiten, Niederlagen, Misserfolge, Rückschläge und alle damit verbundenen schmerzhaften Empfindungen nicht als sein persönliches

Kreuz erkennen, durch das er wachsen und reifen kann, sondern versuchen, ihnen auszuweichen. Er verhindert den Heilungsweg, der ihn näher zu seinem wahren Wesen, zu seinen Mitmenschen und zu Gott führen kann.

Die seriöse Psychologie erkennt an, dass der Mensch ohne die Bereitschaft, seinem eigenen Schatten zu begegnen, in seinen Entwicklungsmöglichkeiten dauerhaft blockiert bleibt. „Der Schatten ist keineswegs einfach das Böse. Schatten ist vielmehr das Abgesunkene, Vergessene oder auch Niedergehaltene, das Peinliche und darum Verdrängte, aber auch das Nichtgelebte, Nichtverwirklichte trotz gegebener Anlagen, kurz die ‚dunkle Seite' der Persönlichkeit."[31] Der Psychotherapeut und Autor Paul Watzlawick prophezeit, dass Abwehr und Vermeidung das Fortbestehen eines Problems garantieren.[32] Diese Vermeidungshaltung bewirkt letztlich einen Stillstand der persönlichen Entwicklung und vermehrt auf tragische Weise das Leid. Erst die Bereitschaft, sein persönliches Kreuz zu tragen und Problematisches an sich heranzulassen, ermöglicht Heilung. Der Mut zur wahrhaftigen Selbstbegegnung öffnet das Tor zur positiven Selbstentwicklung.

Natürlich gibt es auch Zeiten im Leben, in denen es besser ist, sich dem Leidvollen nicht zu stellen oder auch nicht an schmerzhafte Wunden erinnert zu werden. Dies sind meist Zeiten, in denen man durch belastende Lebensumstände oder Krankheiten innerlich oder äußerlich so geschwächt oder instabil ist, dass jede weitere Erschütterung eine Zumutung wäre. Hier ist es wichtig, sich eine „Schonzeit" zuzugestehen, in der man behutsam mit sich selbst umgeht und das Gespräch mit verständnisvollen Menschen sucht. In welcher Haltung man jedoch langfristig dem

Leidvollen in seinem Leben begegnet ist entscheidend für das eigene Leben und für den Weg zu Gott.

4.2 Was bedeutet „mein Kreuz tragen" konkret in der Meditation?

In der Meditation geht es nicht darum, „sein Kreuz" zu suchen, sondern bereit zu sein, ihm zu begegnen und es zu tragen, wenn es sich zeigt. Es genügt also, sich den Gegebenheiten zu stellen und ihnen nicht auszuweichen (Therese von Lisieux). Um welche Gegebenheiten es sich bei der Meditation handeln kann, konkretisiere ich nachfolgend.

Störungen von der Außenwelt

Während der Gebetszeit können uns störende Geräusche und Lärm zu schaffen machen, der Raum kann zu kalt oder zu warm sein, die Sitzgelegenheit zu hart und zu unbequem. Solche Beeinträchtigungen muss man nicht zwangsläufig erleiden. Im Gegenteil, hier kann man aktiv versuchen, sie zu vermeiden oder zu reduzieren. Das erleichtert den Umgang mit ihnen. Wir sind es nämlich gewohnt zu fragen: Woher kommt diese Störung? Warum ist sie da? Was kann ich gegen sie tun? So werden wir entsprechend unseren Gedanken aktiv und bemühen uns um eine Lösung. Schwierig wird es für uns oftmals erst dann, wenn unsere Bemühungen nicht zum erwünschten Ergebnis führen. Mein Kreuz tragen bedeutet hier, während der Meditation jene Störungen durch die Außenwelt zu erleiden, die ich nicht verhindern kann.

Ich meditiere, um Ruhe und Frieden zu erfahren, und erlebe stattdessen, wie sich ein störender Gedanke an den anderen reiht. Ich kann nicht verstehen, warum dies so ist, weil ich diese Gedanken ja gar nicht haben will. Ab und zu stehen hinter den Gedanken wirkliche Themen, z. B. eine große Sorge oder eine tiefe Angst. Hier ist es wichtig, im Gebet nicht krampfhaft zu versuchen, von den Gedanken wegzukommen, sondern aufrichtig das, was mich bedrängt, vor Gott auszusprechen: Meine Fragen, meine Sorgen und meine Klagen. Jesus hat hilfesuchende Menschen nach ihrem Anliegen gefragt, obwohl das Anliegen offensichtlich war. Der blinde Bartimäus, der am Straßenrand laut zu schreien beginnt: „Sohn Davids, Jesus, hab Erbarmen mit mir!" (Mk 10,47), wollte natürlich wieder sehen können. Trotzdem fragt Jesus: „Was soll ich dir tun?" (Mk 10,51). Der Mensch, der ausspricht, was in ihm ist, und seine Wünsche und Bedürfnisse benennt, nimmt seine augenblickliche Realität in den Blick und steht zu ihr. Gleichzeitig wendet er sich zu Gott, dem er zutraut, dass er heilend in ihm wirkt. Das Aussprechen selbst wirkt bereits entlastend, wie auch das Gespräch mit einem vertrauten Menschen zu einer gewissen inneren Distanz und damit zu etwas mehr Ruhe verhelfen kann.

Während der Meditation sind es jedoch meistens unbedeutende Gedanken, die sich aneinanderreihen. Diese störenden Gedanken, die ich nicht abschalten kann, und mein Unvermögen, mich von den Belanglosigkeiten des Alltags zu lösen, sind hier mein konkretes Kreuz. Ich trage es, indem ich es weder bekämpfe noch unterdrücke, sondern indem ich gewähren lasse, dass sich diese Gedanken in mir zeigen. Ein chinesisches Sprichwort sagt dazu: „Dass die Vögel des Kummers und der Sorge über deinem Haupt fliegen, kannst du nicht ändern. Aber dass sie Nester in deinem Haar bauen, das kannst du verhindern." Indem ich mich immer wieder neu von meinen Gedanken abwende und mich der Wahrnehmung meiner Hände und dem Namen Jesu Christi zuwende, verhindere ich diese „Nester".

Unangenehme Körperreaktionen

Diese können sich z.B. in Knie- oder Rückenschmerzen äußern. Bei den Körperschmerzen ist es wichtig, achtsam zu unterscheiden: Wenn jemand z.B. einen Meniskusschaden hat, werden sich Knieschmerzen bemerkbar machen, sobald er länger kniet. Auf diese körperliche Beeinträchtigung muss man natürlich entsprechend Rücksicht nehmen. Indem man die kniende Position vermeidet, vermeidet man auch unnötigen Schmerz. Muskelspannungen können aber auch daher kommen, dass Ungeübte bei der Meditation eine ungewohnte Sitzhaltung einnehmen bzw. Geübte sehr lange in der gleichen Sitzhaltung bleiben und unachtsam gegenüber ihren körperlichen Grenzen sind.

Es gibt jedoch auch einen körperlichen Schmerz, den ich als Heilungsschmerz bezeichnen würde. Hier liegt kein organischer Schaden vor; man weiß nicht so recht, woher der Schmerz kommt. Charakteristisch ist, dass dieser körperliche Schmerz nur während der Meditation auftritt bzw. kurz nach der Meditation wieder abklingt. Bleibt der Schmerz hingegen auch nach der Meditation, kann ein ärztlicher Rat vonnöten sein und ein Begleitgespräch mit jemandem, der in der Meditation erfahren ist. Dies ist eine Hilfe, um einen angemessenen und behutsamen Umgang damit zu finden.

Unangenehme Körperreaktionen können sich auch in somatischen Schmerzen äußern: Man hat das Gefühl, einen Kloß im Hals zu haben; der Bauch ist verkrampft; der Hals ist wie zugeschnürt; man hat das Gefühl, der Brustkorb ist eingeengt wie in einem Korsett; Schweißausbrüche; man friert, obwohl es warm ist; eine Müdigkeit, obwohl man ausreichend geschlafen hat; ein flacher Atem; man muss ständig gähnen; Tränen fließen ohne Grund oder ein Schluckreiz. Diese Phänomene, die meist nach der Meditation enden, lässt man in dem Maße, wie es möglich ist, gewähren.

Negative Gefühle, die sich in mir zeigen

Dazu gehören alle Gefühle, die uns belasten: Wut, Ärger, Oberflächlichkeit, Neid, Stolz, Minderwertigkeit, Unsicherheit, Einsamkeit, Schuldgefühle, Scham, Selbstmitleid, Langeweile, Aggressionen, Resignation, Ekel, Zweifel, Ängste, schlechte Laune, Traurigkeit etc. Diese Gefühle können sich plötzlich während der Meditation in uns zeigen oder auch ganz allmählich immer deutlicher spürbar werden. Oftmals fällt es schwer, ein Gefühl klar zu benennen. Man hat z.B. ein „dumpfes", „schweres" oder „flattriges" Gefühl. Für den Wandlungsprozess ist es jedoch nicht wichtig, ein konkretes Gefühl benennen zu können. Es genügt, den unangenehmen Gemütszustand einen Augenblick wahrzunehmen und sich dann konsequent mit diesem unangenehmen Gemütszustand der Wahrnehmung der Hände und dem Namen Jesu Christi zuzuwenden.

4.3 Was geschieht während der Meditation?[33]

Man muss den Dingen die eigene, stille ungestörte Entwicklung lassen, die tief von innen kommt und durch nichts gedrängt oder beschleunigt werden kann. Alles ist Austragen – und dann Gebären …
Reifen wie der Baum, der seine Säfte nicht drängt und getrost in den Stürmen des Frühlings steht, ohne die Angst, dass dahinter kein Sommer kommen könnte. Er kommt doch! Aber er kommt zu den Geduldigen, die da sind, als ob die Ewigkeit vor ihnen läge, so sorglos still und weit …[34]
(Rainer Maria Rilke)

Die Wissenschaft ist daran interessiert, zu erforschen, was genau im Menschen während der Meditation vorgeht. Auch wenn heute die Veränderung der Gehirnaktivität während der Meditation auf einem Elektroenzephalogramm (EEG) nachweisbar ist, bleiben mehr Fragen als Antworten. Die Forscher und Wissenschaftler vermögen nicht in der ganzen Dimension zu erfassen, was hier im Menschen während der Meditation geschieht und was die Wandlung bewirkt. Gottes geheimnisvolles Wirken versucht Jesus in den Gleichnissen vom Wachsen der Saat (Mk 4,26–29) und dem Weizenkorn, das in die Erde fallen muss, um Frucht zu bringen (Joh 12,24), zu beschreiben.

Diese Samen, die Gott selbst in die Menschen sät, können im übertragenen Sinne die unterschiedlichen Beweggründe sein, warum Menschen sich Gott zuwenden und warum sie meditieren. Jeder Mensch trägt ein einzigartiges Samenkorn in sich. Manche nennen diesen Samen die Sehnsucht nach Frieden, nach Geborgenheit, nach Freude, nach Gott, nach Lebenssinn. Dieser Same schenkt die Kraft, sich auf den inneren Wandlungsweg überhaupt einzulassen. Es ist dem Menschen zugesprochen, dass dieser Same aufgehen wird, da Gott es ist, der das Wollen und das Vollbringen bewirkt, noch über unseren guten Willen hinaus (Phil 2,13). Darin liegt eine große Ermutigung und Entlastung für jeden suchenden Menschen. Den Wandlungsweg, für den sich der Mensch während der Meditation öffnet, beschreibe ich nun nachfolgend.

Durch die Stille, durch das Fehlen von Ablenkungen während der Meditation kommt das Unbewusste, das für die verdrängten, nichtgelebten, erlösungsbedürftigen Anteile in uns steht, in Bewegung. Der Druck dieser verdrängten Anteile zeigt sich in der Stille z. B. in Form von Gedanken. Sie können völlig zusammenhangslos sein und ein Gedanke löst den anderen ab.

Der Druck des Unbewussten kann sich auch auf den Körper auswirken. Wenn er sich ausbreitet und im Körper auf Blockaden stößt, können verschiedene Spannungsschmerzen hervorgerufen werden, die sich z.B. in den Knien oder im Rücken bemerkbar machen. Ist sichergestellt, dass es sich um keine körperlichen Beeinträchtigungen handelt, ist es für den Heilungsweg wichtig, nicht weiter nach den Ursachen zu forschen und die unangenehmen Empfindungen nicht abzulehnen. Eine wesentliche Grundhaltung der Meditation ist es, alles, was sich in uns zeigt, da sein zu lassen. Die Stille erschließt einen inneren Raum, der es ermöglicht, dass das Unbewusste ins Bewusstsein treten und Heilung finden kann.

Es kann ebenso plötzlich oder auch ganz allmählich ein starkes Gefühl hochsteigen, z. B. eine Wut oder eine tiefe Traurigkeit oder auch ein Gefühl, das im Diffusen bleibt.

Der Druck des Unbewussten äußert sich hier in Form dieser negativen Gefühle.

Gedanken, körperliche Reaktionen und Gefühle können einander ablösen. Auf dem Wandlungsweg gibt es aber keine Reihenfolge. Es kann sein, dass sich plötzlich, gleich zu Beginn der Meditation, ein Gefühl zeigt und später eine körperliche Reaktion. Hier kann der Mensch nicht bestimmen, was geschehen soll und was nicht. Wichtig ist es, sich von diesen inneren Vorgängen nicht irritieren zu lassen, sondern sie gewähren zu lassen und unerschrocken in der Wahrnehmung der Hände und beim Namen Jesu zu bleiben. In dieser scheinbar passiven Haltung, in der man gewähren lässt, was sich in einem zeigt, ohne aktiv darauf einzuwirken, geschieht Wandlung. Wandlung geschieht in der Gegenwart. Es ist die Hinwendung zur Gegenwart Gottes, die belastende Gemütszustände und lebensverneinende Einstellungen in ihren Wurzeln zu verändern vermag. Es kommt einer Wurzelbehandlung gleich. Dieser durchlittene Schmerz kommt tatsächlich nicht wieder.

Neben schwierigen und schmerzhaften Zeiten sind dem Menschen in der Meditation ebenso Zeiten der Ruhe, des inneren Friedens und der Geborgenheit geschenkt. Diese Erfahrungen stärken ihn auf dem Weg zu Gott. Sie schenken Zuversicht und geben Mut zum Weitergehen. Es ist jedoch wichtig für den Meditierenden, zu erkennen, dass eine sogenannte gute Meditationszeit nicht nur jene ist, in der er Frieden und Geborgenheit erfahren hat, sondern dass Gottes heilende Gegenwart auch dann wirkt, wenn er seinem persönlichen Kreuz, d.h. seiner Unruhe, Ungeduld, seinem Unvermögen oder Schmerz etc., begegnet.

Auf diesem Wandlungsweg nähern wir uns Gott und unserem wahren Wesen unabhängig davon, ob die Wegetappe lichterfüllt oder dunkel und schattig ist. „Wechselnde Pfade, Schatten und Licht, alles ist Gnade, fürchte dich nicht“ (baltischer Segensspruch). Besonders in den für uns schwierigen Wegstrecken ist Gott geheimnisvoll am Werk. Denn: „Wenn es mir gut geht, habe ich Ferien. Geht es mir schlecht, so arbeitet Gott an mir“ (Isabella Jalics). Wir arbeiten mit Gott zusammen, wenn wir an uns geschehen lassen, dass sich Schmerzhaftes zeigt. Wir lassen sein Wirken zu, indem wir selbst einerseits passiv sind und darauf verzichten, einzugreifen oder zu kontrollieren, und anerkennen, dass Gottes heilbringendes Wirken „durch nichts gedrängt oder beschleunigt werden kann“. Andererseits sind wir in dieser Zusammenarbeit mit Gott auch aktiv, indem wir bewusst unsere Aufmerksamkeit samt dem Schmerz zu der Wahrnehmung unserer Hände führen und in diesen Zustand hinein den Namen Jesu sprechen.

Heilung kann beginnen, wo der Mensch nicht mehr vor dem flüchtet, was ihn leidend macht. Im Begegnen seiner schmerzhaften Anteile wächst ihm wie dem kleinen Samenkorn eine Kraft zu, die ihn über sich selbst hinauswachsen lässt. Was der Mensch in dieser Zustimmung und vielleicht auch in einer gewissen Ergebenheit an sich geschehen lassen hat, wird ihn tiefgreifend heilen und wandeln. Diese Gewissheit lässt Paulus sagen: „Wir wissen, dass Gott bei denen, die ihn lieben, alles zum Guten führt“ (Röm 8,28a). Auch in der dunkelsten Wegetappe ist sein Licht in uns gegenwärtig. Nur deshalb kann Jesus sagen: „Ihr seid das Licht der Welt“ (Mt 5,14a). Er sagt nicht: „Meidet alles, was dem Licht entgegensteht.“ Bevor wir jedoch das Licht erfahren, müssen wir zuerst dem Dunklen in uns begegnen. Bevor der innere Friede uns erfüllen kann, müssen wir auch in den Blick nehmen, was in Unfrieden in uns ist. „Alles ist Austragen – und dann Gebären." Das Licht und der innere Frieden kommen „zu den Geduldigen", die in der Gegenwart Gottes beidem, Licht und Schatten, begegnen.

4.4 Wie ich dem Leidvollen in der Meditation begegne, damit Wandlung geschehen kann

Leid geht vorüber, wenn es getragen wird.
(Dietrich Bonhoeffer)

In der Regel sind uns zwei Möglichkeiten vertraut, mit Schmerzhaftem umzugehen. Eine ist es, zu versuchen, etwas gegen das Leid zu tun: Ich bekämpfe es oder schiebe es weg, indem ich es unterdrücke oder verdränge. Es ist dabei natürlich nicht weg. Es wirkt im Unbewussten weiter und kann den Menschen langfristig krank machen. Die andere Möglichkeit ist es, mit seiner Aufmerksamkeit ganz bei dem schmerzhaften Gefühl zu sein. Ich bin dann z. B. ganz in der Traurigkeit oder dem Selbstmitleid oder einem Ärger. Ich gehe sozusagen in das Gefühl „hinein". Dies wirkt manchmal entlastend, wenn man z. B. eine Traurigkeit lange nicht zugelassen hat, und es kann in dieser Hinsicht gut sein, solange es nicht destruktiv ist. Aber es erschöpft und kostet sehr viel Kraft, bis die Intensität des Gefühls nachlässt. Erlösung und Wandlung geschieht dabei jedoch nicht. Ähnliche Situationen werden dieselben Gefühle dann wieder auslösen.

Nachfolgend beschreibe ich den inneren Weg, der Wandlung ermöglicht. Es ist ein gewaltfreier Weg, von dem Jesus sagt: „Der Weg dahin ist schmal, und nur wenige finden ihn“ (Mt 7,14b).

Ich halte die Bereitschaft wach, sowohl der Freude als auch dem Schmerz zu begegnen

Rein menschlich gesehen, ist es mehr als nachvollziehbar, dass man dazu neigt, bewusst oder unbewusst mit unterschiedlichen Verdrängungsmechanismen dem Schmerzhaften und Leidvollen auszuweichen. Mit diesen Verdrängungsmechanismen muss der Meditierende auch in der Meditation rechnen. Ich zähle einige „meditative“ Verdrängungsmöglichkeiten auf: Man räumt gedanklich die Wohnung um, träumt vom Urlaub, von der geglückten Liebe, singt ausdauernd immer wieder von Neuem das gleiche Lied, beschäftigt sich mit einer Fliege, die im Raum ist, oder fokussiert die ganze Aufmerksamkeit auf das ersehnte Ende der Meditation, denkt über den Sinn und den Unsinn der Meditation nach oder gibt sich selbst beständig Anweisungen, was man machen oder bleiben lassen soll. Eine andere effektive und angenehme Weise zu verdrängen ist es, friedlich einzuschlummern und vor sich hinzuträumen und dann erstaunt darüber zu sein, wie schnell doch die Zeit vergangen ist. Mit den genannten Ablenkungen verhindert man sanft und doch konsequent, dass sich Schmerzhaftes zeigt. Ohne eine innere Einwilligung, sein persönliches Kreuz zu tragen, wird der Meditierende sich mit den unterschiedlichsten Verdrängungsmechanismen abzulenken versuchen und blockiert seinen Weg zu Gott und zu seinem wahren Wesen. Da es seinen ganzen Einsatz fordert, dabeizubleiben und nicht auszuweichen, wenn sich Schwierigkeiten zeigen, ist es wichtig, die Bereitschaft wachzuhalten, Leidvolles an sich geschehen zu lassen.

Diese Haltung gilt es auch im Alltag zu leben. Über eine Ordensfrau wurde mir erzählt, dass sie jeden Morgen mit einem Kreuzzeichen in den Tag geht und dabei sagt: „Es darf mir heute *auch* weh tun.“ Dieses kurze Innehalten macht ihr immer wieder neu bewusst, dass das Schöne und Gute in ihrem Leben nicht selbstverständlich sind, dass sie es dankbar annimmt und sich über Schmerzhaftes in ihrem Leben nicht sofort empört. Es geht in dieser Haltung darum, das Leben, so wie es ist, an sich heranzulassen bzw. in der Meditation sich selbst so da sein zu lassen, wie man ist, mit dem Licht in sich und mit seinem Schatten. Es geht um nicht weniger als um das Leben in Fülle (Joh 10,10), das beides umfasst: die Freude und den Schmerz. Es ist wichtig, ebendaher auch die Bereitschaft wachzuhalten, ebenso die Freude zu empfangen, um zu verhindern, sich nur dem Schweren und Leidvollen zu öffnen.

Ich lasse geschehen

Das Große geschieht so schlicht wie das Rieseln des Wassers und das Wachsen des Getreides.
(Adalbert Stifter)

In dem Gleichnis vom Unkraut unter dem Weizen (Mt 13,24–30) mutet Jesus uns zu, das Unkraut einfach stehen zu lassen – geschehen zu lassen, dass es sich mehr und mehr zeigt. Das Unkraut steht symbolisch für all das, was uns leidend macht und was wir gerne weghaben wollen.

Es ist nicht leicht, gewähren zu lassen, was uns stört und schmerzt, weil wir es gewohnt sind, einzugreifen und Dinge in die Hand zu nehmen, um sie zu verändern. In der Meditation macht der Mensch jedoch die Erfahrung, dass er es nicht in der Hand hat. Er hat keinen Einfluss darauf, was sich in ihm zeigt und was nicht.

Die Gedanken kommen, ob man will oder nicht. In der Regel sind es zusammenhanglose Gedanken, die sich aneinanderreihen. Es kann jedoch sein, dass die Gedanken um ein bestimmtes Thema kreisen. Es geht mir z. B. während der Meditation immer und immer wieder ein Gespräch mit einem Arbeitskollegen durch den Sinn. Kaum wende ich meine Aufmerksamkeit den Händen zu, schon drängt sich der nächste Gedanke zu diesem Thema auf. Hier ist zu empfehlen, kurz darauf zu achten, welches Gefühl mit diesen Gedanken mitschwingt. Es kann sein, dass ich bemerke, dass ich verärgert bin. Dieser Ärger ist der Ursprung all meiner Gedanken. Wenn ich ihn nun für einen Augenblick wahrnehme und ihn gewähren lasse, kann er ins Bewusstsein integriert werden und es kann ruhiger in mir werden. Ein kurzes Innehalten und Darauf-Achten, welches Gefühl bei diesen Gedanken mitschwingt, kann den Zugang zu ihm erleichtern. Ich muss jedoch in keiner Weise erreichen, Gefühle erfassen oder benennen zu können. Damit würde ich in eine Haltung des Erreichen-Wollens rutschen. Wesentlich ist es jedoch, in der Haltung des Geschehen-Lassens zu bleiben. In dieser geschieht Erlösung.

Im Vater Unser heißt es: „Dein Wille geschehe“, und nicht: „Dein Wille werde erreicht“, oder: „Dein Wille werde erledigt“. So kann auch der Wandlungsweg nicht erreicht oder von uns erledigt werden. Wir können nur einwilligen, dass er an uns geschieht. Es ist eine Einwilligung zur Nachfolge, die mich davor bewahrt, in einer inneren Abwehrhaltung verhaftet zu bleiben. Das Gewähren-Lassen von Schmerzen und Störungen kann als ein „Durchschmerzen" (Nelly Sachs) erlebt werden. Ich lasse mich jedoch, wie bereits erwähnt, auch von dem Schönen und Freudvollen berühren: der Ruhe, der Geborgenheit und der Dankbarkeit. Auch dies gilt es gewähren zu lassen, was uns natürlich wesentlich leichter fällt.

Ich bleibe nicht beim Leidvollen stehen, sondern wende mich der Gegenwart und dem Namen Jesu zu

Lass dir alles geschehen: Schönheit und Schrecken. Man muss nur gehen.
(Rainer Maria Rilke)

Für den meditativen Weg ist es wichtig, weder bei dem Schönen noch bei dem Leidvollen stehenzubleiben. Eine Freundin sagte einmal zu mir: „Jesus hat nicht gesagt: Ich bin der Parkplatz! Er hat gesagt: Ich bin der Weg!" Für die Meditation bedeutet dies, dass ich mit meiner Aufmerksamkeit weder bei den guten noch bei den störenden Gedanken, weder bei den unterschiedlichen Gefühlen noch bei den körperlichen Reaktionen bleibe, sondern immer und immer wieder von ihnen absehe, um mich dem Namen Jesu zuzuwenden. Sein Kreuz zu tragen endet nicht mit dem Tragen und dem anschließenden Stehenbleiben. Jesus fordert eindeutig zu einem nächsten Schritt auf: „Wer mir nachfolgen will, nehme täglich sein Kreuz auf sich *und* folge mir nach." Ich kann jemandem nur nachfolgen, wenn ich versuche, in Verbindung mit ihm zu bleiben. Es ist diese

Verbindung, die heilend in uns wirkt: Ich wende mich *mit* meinem Kreuz dem Hier und Jetzt zu und spreche mit dem Ein- und Ausatmen den Namen Jesu aus. Leiden an sich macht nicht heilig und ist in keiner Weise eine Garantie für menschliche Reife. Es ist die einwilligende Haltung, sich mit dem Schmerz der Gegenwart Gottes anzuvertrauen, die Heilung und Wandlung bewirkt.

4.5 Ein Beispiel

Ich glaube, dass das Leben von jedem von uns ein Geheimnis ist, zu dem Gott allein den Schlüssel besitzt.
(Julien Green)

Ich möchte anhand einer persönlichen Erfahrung aufzeigen, wo ich mit Leid und für mich Erschreckendem konfrontiert war und welche überraschende Wende sich vollzog – im schlichten Da-Sein und Dabeibleiben und ohne dabei zu urteilen.

Während meiner Ausbildung zur Erzieherin hatte ich unterschiedliche Jobs, um mir nebenbei etwas dazuzuverdienen. Ich hatte mich sehr gefreut über die Möglichkeit, in einer Kinderklinik Nachtwachen übernehmen zu können. Man erzählte mir, dass dies eine sehr leichte Arbeit sei – man müsse nur die ganze Nacht wach bleiben und sitzen und könne in aller Ruhe auch ein Buch lesen. So war ich freudig gespannt auf meine erste Nachtwache und hatte mir für die lange Nacht ein gutes Buch zum Lesen mitgenommen. Ich wurde freundlich von der Krankenschwester begrüßt und zu einem Bett geführt, in dem ein Mädchen von ca. drei Jahren lag. Die Krankenschwester erzählte, dass die Kleine mit eineinhalb Jahren ertrunken und wiederbelebt worden sei. Außer selbstständig zu atmen konnte sie keine körperlichen Bewegungen vollführen, nicht einmal mehr ihre Augenlider schließen. Diese waren weit aufgerissen und starrten ins Nichts. Man sagte mir, sie sei jetzt aufgrund von epileptischen Anfällen, die überwacht werden mussten, ins Krankenhaus eingeliefert worden. Da sie schon eineinhalb Jahre im Bett lag, hatte sich ihr Gesicht etwas verformt. Als ich das Mädchen mit weit aufgerissenen großen Augen so liegen sah, war es für mich wie ein Schock. Mir wurde schwindelig. Ich hatte plötzlich kalten Schweiß auf der Stirn und das Gefühl, das Krankenzimmer verlassen zu müssen. In mir war nur der eine Gedanke: Das kann ich nicht! Ich kann bei diesem Kind keine Nacht verbringen. Es war furchtbar für mich, es anzuschauen. Ich war kreidebleich. Auf der Toilette wusch ich mir zunächst mit kaltem Wasser das Gesicht. Ich war ratlos, wagte jedoch nicht zu sagen, dass ich die Nacht nicht bleiben könne. Ich spürte eine Verantwortung, da ich davon ausging, dass so schnell niemand für mich einspringen könne. So ging ich in das Krankenzimmer zurück. Ich atmete tief durch und schaute das Mädchen immer wieder an, ja schaute ihm die ganze Nacht in die Augen, denn die epileptischen Anfälle äußerten sich fast unmerklich: Seine Pupillen fingen zu zucken an, der Kopf drehte sich ganz leicht zur Seite und das Mädchen hörte auf zu atmen. Beim ersten epileptischen Anfall klingelte ich sofort der Nachtschwester. Sie kam ins Zimmer geeilt und rüttelte das Mädchen an der Brust. Sogleich fing es wieder an zu atmen. Es kam eine weitere Nachtschwester in das Zimmer und beide waren sich einig, dass solch ein Leben nicht lebenswert sei. Ich kann mich noch gut erinnern, dass ich mich mit keinem Wort an dem Gespräch beteiligte. Es war für mich völlig unwichtig, ob ich das Leben des kleinen Mädchens als lebenswert oder als nicht lebenswert bewerten würde. Auch das Urteil der Nachtschwestern interessierte mich nicht. Dies zu beurteilen war nicht meine Aufgabe. Meine Aufgabe war es, das Mädchen am Leben zu erhalten. Und diese Aufgabe erfüllte ich in dieser Nacht. Das Mädchen hörte noch öfters auf zu atmen. Ich klingelte den Nachtschwestern nun nicht mehr. Ich wusste, es genügte, das Mädchen sanft an der Brust zu schütteln, damit es wieder zu atmen anfing.

Als ich am frühen Morgen mit dem Fahrrad heimfuhr, kam ein großes Glücksgefühl über mich. In einer stillen, anhaltenden Freude hätte ich die ganze Stadt umarmen können. Ich konnte es gar nicht verstehen. Hatte ich doch die ganze Nacht nichts anderes gemacht, als dem Leid in die Augen geschaut. Mit dieser Erfahrung kam ich der Ahnung näher, dass das Leid und der Schrecken über das Elend nicht die letzte Antwort auf das Leben sind, sondern dass hinter dem Leid eine Kraftquelle ist, die wir uns gar nicht vorzustellen vermögen. Sie erschließt sich uns jedoch, wenn wir dem Leidvollen in unserem Leben im Namen Gottes begegnen.

4.6 Was den Heilungsweg blockieren kann

Obwohl Menschen mit einer Sehnsucht nach Gott, mit einem guten Willen, großem Eifer und in Treue den meditativen Weg gehen, passiert es, dass sie keine Wandlung erfahren. Einige Gründe, warum der meditative Weg ins Stocken geraten kann, will ich erläutern.

Leid ergründen wollen: die große Frage, warum?

Verstehen kann man das Leben nur rückwärts. Leben muss man es vorwärts.
(Sören Kierkegaard)

Im Alten Testament wird von dem Leid der Israeliten erzählt, die von Giftschlangen gebissen werden. Viele Israeliten sterben. In dieser Not wendet sich das Volk bittend an Mose: „Bete zum Herrn, dass er uns von den Schlangen befreit" (Num 21,4–9). Wenn die Schlangen symbolisch für all das stehen, was uns Schmerzen bereitet und leidend macht, ist diese Bitte „Befreie uns von unserem Leid!" bis heute aktuell, vor allem wenn uns leidvolle Schicksalsschläge treffen. Gott gibt auf die Bitte der Israeliten eine ungewöhnliche Antwort. Mose soll eine Schlange aus Kupfer machen, sie auf eine Fahnenstange hängen, und alle, die gebissen worden sind und auf diese Schlange schauen, werden gerettet. Wir wissen nicht, warum Gott die Schlangen nicht einfach beseitigt hat. Es wäre doch die einfachste Lösung, alles Leidvolle ein für alle Mal zu beseitigen. Doch Gott mutet uns die Schlangen zu. Er mutet uns Leid und Schmerz, Angst und Schrecken zu. Er vermeidet den Schlangenbiss nicht! Aber er gibt den Israeliten die Zusage, dass sie gerettet werden. Das Wesentliche dabei ist nicht die Kupferschlange. Sie wurde sogar von König Hiskija vernichtet, da sie zwischenzeitlich als Kultobjekt missverstanden wurde (2 Kön 18,4). Das Wesentliche ist die veränderte Blickrichtung: Es geht um die Fragen: Worauf schaut der Mensch in seiner Bedrängnis? Wo sucht er Zuflucht, wenn er in Not ist? Im Johannesevangelium wird diese Schlange, die in der Wüste von

Mose erhöht wird, mit Jesus verglichen, der am Kreuz erhöht worden ist, „damit alle, die an ihn glauben, das ewige Leben haben“ (Joh 3,14–15). Obwohl dies ein merkwürdiger Vergleich ist, möchte er zum Ausdruck bringen, dass der Mensch Heilung findet, wenn er auf Christus schaut. Schauen bedeutet, sich *mit* dem Schmerz, der im Augenblick da ist, an Jesus zu wenden. Schauen bedeutet jedoch nicht, über das Leid nachzudenken, um zu versuchen, es zu begreifen und gedanklich zu erfassen.

Es bleibt ein großes Mysterium für den Menschen, warum Gott das Leid zulässt. In den Psalmen werden Fragen nach dem „Warum“ immer wieder klagend vor Gott gebracht. Selbst Jesus ruft in seiner Todesstunde mit lauter Stimme: „Mein Gott, mein Gott, warum hast du mich verlassen?“ (Mk 15,34) Diese in der Not aufsteigenden Fragen sind zutiefst menschlich. Man darf und soll sie sich zugestehen. Mit ihnen wendet man sich Gott, seinem Schöpfer, bereits wieder zu. Alles hat seine Zeit (Koh 3). Der Verstand allein vermag die ganze Dimension einer tiefen Leiderfahrung nicht zu erfassen. Er erfährt hier seine Grenzen und man spürt schmerzhaft seine Ohnmacht.

Ich möchte hier eine Frau zu Wort kommen lassen, die unermessliches Leid erfahren hat. Etty Hillesum wurde mit knapp 30 Jahren in Auschwitz ermordet. Ihre Tagebuchaufzeichnungen, die sie mitten im Krieg begann und bis zu ihrer Deportation fortführte, zeugen von ihrem leidenschaftlichen und leidensbereiten Ringen nach innerer Lebensbejahung, Menschenliebe und Gottesnähe angesichts größter Unmenschlichkeit, Grausamkeit und Vernichtung. Sie schreibt: „Mit Denken komme ich ja doch nicht weiter. Denken ist eine schöne und stolze Beschäftigung beim Studieren, aber aus schwierigen Gemütszuständen kann man sich nicht ‚herausdenken'. Dazu muss man anders vorgehen. Man muss sich passiv verhalten und horchen. Wieder den Kontakt mit einem Stückchen Ewigkeit finden."[35] Es ist tief berührend und für mich sehr tröstend, dass Etty Hillesum inmitten der Grausamkeiten der Judenverfolgung das Stückchen Ewigkeit in sich finden und bewahren konnte.

Auf dem meditativen Weg finde ich wieder den Kontakt zu diesem Stückchen Ewigkeit in mir, indem ich mir diese Fragen und Klagen vor Gott zugestehe, jedoch nicht bei ihnen stehenbleibe. Das Horchen und damit der meditative Weg sind dann möglich, wenn man von den Fragen und Klagen, zumindest für kurze Zeit, immer wieder abzusehen vermag und sich dem Hier und Jetzt lauschend öffnet.

Die Angst vor dem Schmerz

Aus eigener Erfahrung kennt jeder das Erleben von Angst. Es ist notwendig, dass sich im Kind die Angst vor realen, gefährlichen Situationen entwickelt und später den Erwachsenen ebenso vor gefährlichen Situationen warnt. Ängste sind wichtig und sinnvoll. Sie können jedoch auch blockierend auf das Leben wirken und die Entwicklung des Menschen behindern, wenn sie das Leben einschränken und wertvolle Erfahrungen für die Persönlichkeitsentwicklung verhindern.

In der Regel schauen wir das, was uns Angst macht, nicht gerne an. In der Meditation würde dies bedeuten, dass man schmerzhafte Gefühle sofort zurückdrängt, um nicht mit ihnen konfrontiert zu werden. Man flüchtet innerlich, indem man die Aufmerksamkeit sofort von dem schmerzhaften Gefühl wegführt – egal wohin, nur weg von dem Schmerz. Dies sind natürliche menschliche Reaktionen und können wichtige Schutzreaktionen sein. Blockierend wirken sie dann, wenn man sozusagen auf der Flucht vor dem Schmerzhaften bleibt.

Das Erleben tiefer Ängste in der Meditation ist aber auch nicht ungefährlich. Im Moment erlebter Angst ist im Körper alles auf Hochspannung. Dabei ist es irrelevant, ob die Angst durch einen objektiven Grund von außen kommt oder durch Gedanken ausgelöst wurde. Im Körper laufen die gleichen physiologischen Vorgänge ab. Eine intensive Angst hat eine Eigendynamik, die dem bewussten Denken und dem Willen nicht mehr zugänglich ist. Für Menschen, die sich in einer hochakuten Angstphase befinden, ist der meditative Weg deshalb eine Überforderung. Hier fehlt der nötige Abstand, der es ihnen überhaupt ermöglicht, immer wieder, wenn auch nur für den Bruchteil einer Sekunde, auf ihre Ängste zu schauen. In solch schwierigen Lebensphasen ist es wichtig, begleitet zu sein und nicht mit seinen Ängsten alleine zu bleiben. Die moderne Psychologie widerspricht nicht dem meditativen Umgang mit den Ängsten, sie setzt jedoch anders an. In der Psychologie versucht man etwas gegen den Stresspegel zu setzen und ihn mit unterschiedlichen Techniken zu beruhigen. Man kann lernen, seine Ängste zu benennen, sie zu verstehen und sie innerlich zu verlagern. Man kann sie jedoch nicht auflösen. Der therapeutische Weg zeigt Möglichkeiten auf, wie man mit seinen Ängsten zu leben lernt. Dieser bewusste Umgang kann den Boden dafür bereiten, seinen Ängsten auch in der Stille und in der Ausrichtung auf Gott begegnen zu können. Hier finden die Ängste auf einer tieferen seelischen Ebene unmerklich Heilung.

Der meditative Umgang mit den Ängsten ist in einer Kindergeschichte bildhaft beschrieben. Sie macht mir immer wieder Mut, auf das zu schauen, was mir Angst macht, und zwar in dem Maß, wie es mir gerade möglich ist. Die Geschichte handelt von einem kleinen Mädchen, das mit ihren Eltern im Wald wohnte. Einmal sagte das Mädchen zu ihrem Vater, dass es Angst habe vor dem reißenden Fluss in der Nähe ihres Hauses. Der Vater antwortete darauf: „Hüte dich vor dem Fluss!" Die Kleine hörte aufmerksam zu und dachte sich: „Gut, dann werde ich den Fluss hüten." So ging sie jeden Tag zu dem Fluss und hütete ihn, indem sie ihn anschaute. Erst schaute sie ihn nur kurz an, dann wagte sie es, ihn immer etwas länger anzuschauen. Die Angst wurde allmählich weniger und weniger, und sie wagte es von Tag zu Tag mehr, sich dem Fluss zu nähern. Schließlich entdeckte sie große Steine, die aus dem Wasser ragten. Als sie genauer hinschaute, bemerkte sie, dass die Steine gar nicht so weit auseinanderstanden und dass sie eigentlich gut von einem zum anderen Stein hüpfen könnte. Sie stand ganz nah am Ufer und hütete nun den großen Stein, auf den sie springen wollte. Schließlich wagte sie den Sprung und gleich darauf den nächsten. Es machte ihr richtig Freude, von einem Stein zum nächsten zu hüpfen. Und vor allem gelangte sie so ans andere Ufer. Dort war eine wunderschöne Blumenwiese. Jetzt erkannte sie: „Hätte ich nicht auf meinen Vater gehört, wäre ich niemals zu der schönen Blumenwiese gelangt."

Eigentlich hatte das Mädchen den Vater missverstanden, aber dabei etwas ganz Wichtiges für ihr Leben gelernt: „Wenn ich vor etwas Angst habe, muss ich es hüten." Dies gilt auch für den meditativen Umgang mit der Angst: Wenn ich das, was mir Angst macht, immer wieder in den

Blick nehme, wenn auch nur für kurze Momente, verliert die Angst allmählich ihren Schrecken.

Der Widerstand vor dem, was weh tun könnte

Ein sich regender innerer Widerstand kann ebenso wie die Angst ein wichtiges Signal sein, auf das es zu achten gilt. Er kann aber auch blockierend auf das Leben und die persönliche Entwicklung wirken. Der Mensch bleibt z. B. im Widerstand zu dem, was er in seinem Leben willentlich nicht verändern kann. Er hadert mit seinem Leben und ist nicht bereit, seine innere Haltung zu verändern. Vielmehr kämpft er gegen das, was ist. Es ist wie ein Kampf gegen Windmühlen, von dem der Wind unbeeindruckt bleibt.

Der innere Widerstand gegen bestimmte Verhaltensweisen anderer Menschen oder gegen bestimmte Situationen hindert z. B. daran, sie wirklich zu verstehen bzw. von ihnen zu lernen. Der Widerstand hat die Eigenschaft, den Blick einzuschränken. Im Moment des inneren Widerstands zentriert sich die Aufmerksamkeit auf das, was man nicht haben will, und man meint, man könne es von sich fernhalten. In Wirklichkeit ist man dadurch beständig mit dem beschäftigt, was man eigentlich ablehnt. Dies kostet Kraft. Der Blick für das, was sonst noch da ist, ist eingeschränkt und damit auch die Fähigkeit, Neues aufzunehmen. Lernen setzt voraus, dass der Mensch in der Lage ist, etwas aufzunehmen. Bleibt man beim Widerstand stecken, wiederholen z. B. Kinder die Erziehungsfehler ihrer Eltern bei den eigenen Kindern. Der Widerstand gegen die eigenen Eltern hat verhindert, dass sie aus den Fehlern ihrer Eltern lernten. So verringern sich auch oftmals die Leistungen von Schülern, wenn sie ihre Lehrkraft ablehnen.

Von Menschen, die ich ablehne, nehme ich innerlich nur schwer etwas an.

Der Widerstand kann z. B. auch verhindern, dass ich lerne, mich selbst zu verstehen – meine Empfindungen, meine Reaktionen, meine Bedürfnisse etc. Eine Frau erzählte mir, dass sich vor den Tagen der Stille, zu denen sie sich angemeldet hatte, immer wieder ein Widerstand in ihr regte. Die Anreise und alles, was damit verbunden war, erschienen ihr zu mühsam. Auf der anderen Seite wusste sie, dass ihr die stille Zeit wieder sehr guttun würde, und sie sehnte sich eigentlich nach dieser Auszeit. Sie konnte ihren Widerstand, der auch Zweifel auslöste, ob sie überhaupt teilnehmen soll, nicht verstehen. Sie ärgerte sich über sich selbst und die zweifelnden Fragen, die sich immer wieder meldeten. Im Begleitgespräch wurde deutlich, dass sie sehr müde und überarbeitet war. Sie wollte eigentlich nur noch ihre Ruhe haben. Durch verschiedene familiäre Ereignisse hatte sie seit Monaten viel zu viele Aufgaben übernommen. Ihre Tage waren so vollgepackt, dass sie für sich persönlich kaum Zeit fand; nicht einmal, um ihren Koffer in Ruhe zu packen. Der Einstieg in die Tage der Stille kam innerlich einer Vollbremsung auf der Autobahn gleich. Das Hören auf den Widerstand und den Zweifel hätte ein früheres Abbremsen in ihrem Alltag bewirken können sowie ein tieferes Verständnis für sich selbst.

Der Widerstand als sogenannter „Abergeist", der stets „Ja, aber" sagt, taucht häufig vor anstehenden Veränderungen auf. Er kann ein Hinweis dafür sein, dass der Mensch eigentlich weitergehen sollte, aber noch in der alten, vertrauten Situation bleiben möchte. Die Kinder der genannten Frau wären z. B. in der Lage, viele Aufgaben, die die Mutter für sie erledigte, selbst zu tun. Mit ihrem „Ja, aber" wollten die Kinder an der Rundum-Versorgung der Mutter festhalten. Die Mutter, die ihren großen Einsatz für ihre Kinder ebenso mit einem „Ja, aber" rechtfertigte, wollte den anstehenden Loslösungsprozess von ihren Kindern vermeiden. Sie verhinderte dadurch die notwendigen Schritte ihrer Kinder in die Selbständigkeit und rutschte stattdessen in eine Erschöpfung.

In der Meditation wird ein sogenannter passiver Widerstand häufig so erlebt, dass die Gefühle im Diffusen bleiben. Man döst z. B. ein, obwohl man nicht müde ist. Wie bei der Angst gilt es auch hier, so wie es mir möglich ist, auf den Widerstand zu schauen, ohne über ihn zu urteilen. Indem ich darauf schaue, entsteht ein Abstand zu ihm. Durch diesen Abstand verliert der Widerstand bereits etwas von seiner Intensität. Blockierend wirkt der Widerstand nur, wenn wir nicht bereit sind, ihm zu begegnen und ihn zu ertragen. Auch der Widerstand bedarf der Heilung.

4.7 Mögliche Missverständnisse

Ich meditiere so oft und so lange wie möglich, dann geht es bei mir mit der Erlösung schneller

Nein,
nicht euch ist es bestimmt,
die Knospen zu Blüten
zu erschließen.
Es geht über eure Macht,
sie blühen zu machen.

ER,
der die Knospe öffnen kann,
tut es einfach so.
(Rabindranath Tagore)

Manche versuchen, den Erlösungsweg zu beschleunigen, indem sie versuchen, möglichst viel zu meditieren. Längere Zeiten der Stille, in denen sich der Mensch aufrichtig dem Wirken Gottes überlässt, werden ihre positive Wirkung entfalten. Wenn es jedoch Ziel ist, mit der Meditation seinen persönlichen Wandlungs- und Reifungsprozess zu beschleunigen, und zwar innerhalb dieser festgelegten, begrenzten Zeit, ist die Gefahr groß, dass die Ausrichtung auf Gott verloren geht. In dem großen Wunsch, dass Wandlung und Heilung geschieht, beginnt man darauf zu schauen und darauf zu warten, was sich in einem tut und was sich lösen könnte. Die Aufmerksamkeit und das Interesse für die Gegenwart Gottes und für die Verbundenheit zum Namen Jesu werden unmerklich sekundär. Da der Mensch auf seine ungelösten Anteile ausgerichtet ist, entschwindet ihm z. B. die Wahrnehmung eines inneren Friedens, mit dem Gottes Gegenwart ihn berühren wollte. Der Übereifer wird hier zum Stolperstein. Meditation ist kein Mittel zur Selbsterlösung. Sie ist ein Beziehungsgeschehen und nicht eine Leistung, bei der man sich anstrengt, um so effektiv wie möglich zu sein. In der Beziehung zu Gott kann man nicht bestimmen, wann und wie Wandlung zu geschehen hat und wie tiefgreifend sie sein sollte. Gott begrenzt sein heilendes Wirken nicht auf die Meditationszeiten. Es ist deshalb wesentlich, sich nicht nur während der Meditation für die kontemplativen Haltungen zu öffnen, sondern ebenso in seinem Alltag.

Gott kann in den alltäglichsten Verrichtungen heilend wirken. Dies kann uns hoffnungsfroh stimmen in den Zeiten, in denen es uns nicht möglich ist, die Stille aufzusuchen. Wir leben immer in Gottes Gegenwart und er, der die Knospe öffnet und Schmerz und Leid verwandeln kann, tut es einfach so und fragt nicht nach der Anzahl der Meditationszeiten.

Ich muss alles annehmen

Dieses Missverständnis besteht darin zu glauben, man könne mit dem Willen etwas annehmen, was man eigentlich ablehnt. Wenn ich z. B. eine Unruhe spüre, nützt es wenig, zu sagen: Ich nehme die Unruhe an. Die wirkliche Annahme drückt sich in einem tiefen inneren Einverständnis aus, bei dem es kein Muss mehr gibt und sich nichts mehr zu verändern braucht. Es kann so bleiben, wie es ist. Ist man jedoch nicht einverstanden mit dem, wie es ist, so deutet es darauf hin, dass der Prozess des Annehmens noch nicht abgeschlossen ist. Wirkliche Annahme ist nämlich die Frucht eines inneren Prozesses, in dem das Einverständnis im Menschen wachsen konnte. Diesen Prozess beginne ich, indem ich sowohl die Empfindungen wahrnehme und gelten lasse, die der Annahme entgegenstehen, wie z. B. Widerstand, Ärger, Rebellion und Resignation, als auch meine Sehnsucht nach innerer Annahme und Frieden. In einem nächsten Schritt wende ich mich dem Namen Jesu zu. Diesen inneren Weg, der ganz allmählich zu einer inneren Annahme führt, kann ich nicht durch meinen Willen abkürzen. Ich kann mich jedoch mit meinem Willen stets aufs Neue auf ihn einlassen.

Diese Annahme kann dazu führen, dass man sich mit einer großen Leidensbereitschaft z. B. für seine Familie, für seine Ordensgemeinschaft oder für die Gemeinde aufopfert und dabei nicht selten in ständiger Aktivität und Anspannung ist. Aus einer guten Absicht heraus und in der Annahme, Gottes Willen zu leben, überfordert man sich. Dabei entschwindet immer mehr der Kontakt zu den eigenen Gefühlen und Bedürfnissen. Hier ist die Gefahr gegeben, hart gegenüber sich selbst zu werden und deprimiert, insbesondere dann, wenn die Dankbarkeit und Anerkennung der anderen für sein Engagement ausbleiben. Die Überforderung, in die man unmerklich hineinschlittert, geschieht häufig dadurch, dass man äußerlich keine Grenzen setzt und innerlich seine Erschöpfung nicht wahrnimmt bzw. nicht ernst nimmt.

Um den Willen Gottes für sein Leben zu erkennen, ist es jedoch wesentlich, dass man im Kontakt mit sich selbst ist. Der hl. Ignatius nennt als Kriterium für den Willen Gottes, dass dieser als innerer Impuls kommt, der den Menschen zu einem inneren Frieden führt. Um diesen inneren Impuls wahrnehmen und Gottes Willen erkennen zu können, muss man also die Verbindung zu sich selbst wahren und seine Empfindungen und Bedürfnisse wahrnehmen. Eine gesunde Selbstfürsorge macht es erforderlich, im Einsatz für andere auch die eigenen emotionalen und körperlichen Begrenzungen zu berücksichtigen und entsprechende äußere Grenzen zu setzen. Jesus selbst grenzte sich ab. Viele wollten ihn hören und von ihren Krankheiten geheilt werden. „Doch er zog sich an einen einsamen Ort zurück, um zu beten“ (Lk 5,16). In der

Nachfolge geht es nicht darum, immer verfügbar zu sein und keine äußeren Grenzen zu setzen, sondern sein Kreuz zu tragen, das auch darin bestehen kann, auf seine Begrenzungen zu achten und deshalb auf etwas zu verzichten, was man eigentlich gerne tun würde.

So geht es auch bei der Selbstverleugnung nicht darum, die eigenen Empfindungen als unwichtig zu bewerten, schmerzhafte Anteile zu verdrängen oder bereitwillig das Leid auf sich zu nehmen, das man zu spüren bekommt, wenn man seine emotionalen und körperlichen Grenzen missachtet. Bei der Selbstverleugnung geht es darum, nicht auf seine Person fixiert zu bleiben. Das Zulassen der eigenen Empfindungen und der schmerzhaften Anteile und das anschließende konsequente Abwenden von sich selbst und seiner Person kommt in gewissem Maße einer Selbstvergessenheit gleich, die als Selbstverleugnung bezeichnet werden kann (Mt 16,24). So bleibt man auch in der Meditation nicht auf die eigene Person fixiert, sondern wendet sich immer wieder neu der Wahrnehmung seiner Hände und dem Namen Jesu zu.

Wenn ich alles gut und richtig mache, wird mich Gott belohnen und mich vom Leid verschonen

Aus Gnade seid ihr gerettet …, nicht aus eigener Kraft – Gott hat es geschenkt. (Eph 2,4–8)

Mit dieser Annahme, dass Gott belohnt, wenn man alles gut und richtig macht, und bestraft, wenn es nicht gelingt, gleicht die Beziehung zu Gott einem Tauschgeschäft. Man meint, man müsse oder könne sich ein vom Leid verschontes Leben selbst verdienen, wenn man sich nur genügend anstrengt. Hier sperrt man Gott in die eigenen Vorstellungen ein und rutscht in eine Enttäuschung, wenn sich die Wirklichkeit anders gestaltet.

Es ist wahrscheinlich, dass man mit solchen Glaubensüberzeugungen mit einem großen inneren Druck durch das Leben geht und mit diesem Druck auch meditiert. Man kommt in eine Anstrengung, die es erschwert zu empfangen und sich beschenken zu lassen. Vielmehr bemüht man sich, den eigenen Leistungsansprüchen zu entsprechen, so als habe Jesus gesagt: „Wer mir nachfolgen will, sei ohne Fehler, stets liebenswürdig und strenge sich an, immer erfolgreich zu sein." Aggressive Impulse, Feindseligkeiten, Wünsche und Gefühle, die diesen Ansprüchen und Glaubensmustern widersprechen, werden nicht als sein persönliches Kreuz erkannt. Es wird zurückgedrängt, da ansonsten eine Kluft zwischen Sein und Sein-Sollen entsteht. Man weicht seiner eigenen Realität aus und kommt in eine innere Anstrengung, die jedoch aus sich heraus das Gute nicht verwirklichen kann (Röm 7,19). Ebenso weicht man der Wirklichkeit in der Meditation aus: der Unverfügbarkeit Gottes und seiner Macht und Größe, die anders ist, als man sich vorzustellen vermag.

In der Beziehung zu Gott gilt es immer wieder anzuerkennen, dass ich nicht bestimmen kann, was zu geschehen hat und was nicht. Ich darf mir selbst erlauben, so zu kommen, wie ich bin. Erst das Eingestehen meiner eigenen Grenzen und das Anerkennen, dass ich das Gute nicht aus mir selbst hervorbringen muss, befreit mich von der Haltung des Selbermachens. Es lässt mich die Bedeutung von Gnade erfahren und in der Erkenntnis wachsen, dass die Meditation einen Geschenkcharakter hat: Das Wesentliche kann ich nur empfangen. Was ich empfange, ist stets

Geschenk und nie die eigene Leistung. Ich kann mir das Wesentliche nicht selbst geben und kann es mir auch nicht aus eigener Kraft selbst verdienen.

4.8 Heilende Auswirkungen

Hoffnung

Der Glaube, der mir am liebsten ist, spricht Gott,
das ist die Hoffnung.
Der Glaube erstaunt mich nicht.
Die Liebe, spricht Gott, die erstaunt mich nicht.
Aber die Hoffnung, spricht Gott, die erstaunt mich.
Selbst mich.
Sie ist wirklich erstaunlich.
Dass sie sehen, diese armen Kinder, wie alles geschieht,
und glauben, morgen werde es besser gehen.
Das ist erstaunlich und wahrlich
das größte Wunder unserer Gnade.
Und ich selber bin darüber erstaunt.
Was mich erstaunt, spricht Gott, ist die Hoffnung.
Das wundert mich über die Maßen.
Diese kleine Hoffnung, die nach so gar nichts aussieht.
Dieses kleine Mädchen Hoffnung. Die Unsterbliche.[36]
(Charles Péguy)

Mit jeder innerlich vollzogenen Wende, in der man von sich und seinem Leid absieht und sich der Gegenwart Gottes zuwendet, öffnet man sich einer Dimension, die über einen selbst hinausgeht. Man hofft darauf, heilend von ihr berührt zu werden. Auch wenn diese Hoffnung nur sehr klein zu sein scheint, birgt sie doch die Kraft in sich, den

Menschen aufzurichten, zu ermutigen und trotz aller Schwierigkeiten und Widrigkeiten den nächsten Schritt zu gehen. Es ist die Hoffnung, die alles erträglich macht.

Eine Arbeitskollegin, die in einer Suchtberatung arbeitet, berichtete in einem beeindruckenden Beispiel von dieser Kraft, die in der Hoffnung liegt. Sie erzählte mir von einem Alkoholiker, der bereits 68 Rückfälle erlebt hatte. Immer wieder ist er nach einem Entzug dem Alkohol verfallen. Ein Betroffener sagte mir einmal: „So ein Alkoholentzug ist die Hölle." 68 Mal hat dieser Mann die Qualen eines Entzugs auf sich genommen. 68 Mal ist er gescheitert. Nach dem 69. Versuch hatte er keinen Rückfall mehr. Hätte dieser Mann nicht immer wieder neu auf die Hoffnung geschaut, dass er es doch eines Tages schaffen würde und es auch für ihn wieder ein Leben ohne Alkohol geben könne, hätte es für diesen Mann kein 69. Mal gegeben. Vielleicht haben auch andere Menschen für ihn stellvertretend immer wieder neu die Hoffnung wahrgenommen und ihn dadurch gestärkt. Nur indem er jedoch selbst die Hoffnung in den Blick genommen hat, konnte ihm die Kraft für den nächsten Schritt zufließen. Hoffnung, auch wenn sie klein ist und nach so gar nichts aussieht, dass man ihr sogar die Daseinsberechtigung absprechen könnte, wirkt stärkend und ermutigend, wenn man auf sie schaut. Hoffnungslosigkeit hingegen lähmt und führt in Richtung Verzweiflung.

In der Meditation übt man sich darin, mit seiner Aufmerksamkeit nicht bei den inneren Schwierigkeiten haften zu bleiben, sondern achtsam für das Unaufdringliche, Leise und Unmerkliche zu sein, das auch noch da ist. Ich kann meine Aufmerksamkeit bewusst zu dem kleinen Funken Hoffnung in mir führen, der mich stärkt und mich immer wieder den nächsten Schritt gehen lässt. Ich kann meine Aufmerksamkeit zu diesem Funken führen, selbst wenn er nicht spürbar ist. Hoffnung geschieht im Tun des nächsten Schrittes (Karl Barth). Sie ist also kein passiver Vorgang, sondern ein aktives Geschehen, bei dem ich mich bewusst Gottes Gegenwart zuwende. Sie wächst in mir mit jeder inneren Wende, die ich vollziehe.

Selbstannahme

Das Große ist nicht dies oder das zu sein,
sondern man selbst zu sein.
(Sören Kierkegaard)

Ist nicht die Selbstverachtung das größte Hindernis im geistlichen Leben – so fragt sich der Schriftsteller und Priester Henri Nouwen. Sie ist das Gegenteil der Selbstliebe, die Jesus zu den höchsten und größten Geboten zählt. Auf die Frage nach dem höchsten Gebot antwortet Jesus: „Du sollst den Herrn, deinen Gott, lieben von ganzem Herzen, von ganzer Seele und von ganzem Gemüt. Dies ist das wichtigste und erste Gebot. Das andere aber ist dem gleich: Du sollst deinen Nächsten lieben wie dich selbst" (Mt 22,37–40). Diese Aussage motiviert stets zur Nächstenliebe. Mit der Liebe zu sich selbst und der Tatsache, selbst von Gott geliebt zu sein, tut man sich oftmals schwerer.

Henri Nouwen erklärt hierzu: „Ja, es gibt die Stimme, die Stimme der Liebe, die Stimme, die vom Himmel her und aus deinem Inneren zu dir spricht, einmal leise geflüstert, ein anderes Mal laut gerufen: ‚Du bist mein Geliebter, an dir habe ich Wohlgefallen.' Es ist gewiss nicht einfach, sie in einer Welt zu hören, die voller Stimmen ist, die schreien: ‚Du taugst zu nichts, du bist hässlich, du bist wertlos, du bist unnütz, du bist niemand – oder beweise gefälligst das Gegenteil!' Diese negativen Stimmen sind so laut und durchdringend, dass wir ihnen nur allzu schnell Gehör schenken. Das ist die große Falle. Es ist die Falle der Unzufriedenheit mit sich selbst."[37] Häufig sind wir selbst unser schärfster Kritiker. Unbarmherzig urteilen wir über unsere Fehler, bestrafen uns, wenn wir unseren eigenen Ansprüchen und Forderungen nicht entsprechen, beschimpfen uns und machen uns Vorwürfe, wenn etwas schiefläuft. Man setzt oft viel Energie dafür ein, den negativen Gefühlen und der inneren Zerrissenheit irgendwie zu entkommen, und bleibt damit auf der Flucht vor sich selbst.

In der Meditation hält der Mensch inne. Er begegnet seinen inneren Kritikern und Antreibern, seinen Ansprüchen und Bewertungen. Hier übt er ein, diesen Stimmen und Urteilen nicht nachzugehen. Er begegnet ihnen sogar mit einem gewissen Desinteresse, weil er sich nicht weiter mit ihnen beschäftigt, sondern sich stattdessen der erlösenden Gegenwart Gottes zuwendet. Die Beziehung zu sich selbst verändert sich, indem man nicht mehr über sich urteilt. Die inneren Kritiker und Antreiber werden als erlösungsbedürftige Anteile wahrgenommen. Frei von Leistungs- und Bewertungsdruck erfährt der Mensch, dass in der Meditation sein Selbstwert nicht von Erfolg oder Misserfolg, von dem, was er hat oder nicht hat, kann oder nicht kann, abhängig ist. Dies ermöglicht einen ganz anderen Blick auf sich selbst. So kann der Mensch zu einem wahrhaftigeren Selbstbild finden, das nicht von äußeren Gegebenheiten abhängig ist. Selbstannahme ist möglich, wenn man zumindest immer wieder für Momente aufgibt, anders sein zu wollen, und stattdessen einwilligt, der zu sein, der man ist. Im schlichten „sich da sein lassen“ – so wie man da zu sein vermag – bejaht man bereits seine Existenz. Dies bewirkt die Erfahrung des Angenommenseins von Gott im Hier und Jetzt. Das Angenommensein steht in der Regel am Anfang eines Heilungsprozesses und ermutigt, sich den negativen Erfahrungen seines Lebens zu stellen und so zu einem „Ja“ zu sich selbst und zu seinem Leben zu finden.

Jesus ermutigt zu dieser Selbstannahme. Er sagt „ja“ zu jenen, die am Rande der Gesellschaft leben, und sogar zu jenen, die durch eigene Schuld die Möglichkeit der Selbstannahme verspielt zu haben scheinen. Ich bin überzeugt, dass diese Ermutigung zur Selbstannahme einer der Gründe ist, warum so viele Menschen Jesus zu seiner Zeit gefolgt sind. Sein „Ja“ zu den Menschen ermöglichte ihnen, zu sich selbst „ja“ zu sagen und die eigene Unvollkommenheit anzunehmen. „Christliche Vollkommenheit besteht nicht darin, vollkommen zu sein, sondern die Unvollkommenheit vollkommen anzunehmen“ (Therese von Lisieux). Die Bejahung der menschlichen Realität löst dabei keine Niedergeschlagenheit aus. Sie führt in eine immer tiefere Selbstannahme, bei der Paulus sich sogar seiner Schwachheit rühmt, damit die Kraft Christi in ihr wirke (2 Kor 12,9). Paulus vollzieht hier einen kompletten Perspektivenwechsel, der den Meditierenden in jeder Meditationseinheit neu dazu einlädt, die Stimme Gottes, die vom Himmel her ruft, ernst zu nehmen und ihr Glauben zu schenken, die sagt: „Du bist mein geliebter Sohn! Du bist meine geliebte Tochter!“ (Mk 1,11).

Rabbi Mosche Löb erzählte: „Wie man die Menschen lieben soll, habe ich von einem Bauern gelernt. Der saß mit anderen Bauern in einer Schenke und trank. Lange schwieg er wie die andern alle, als aber sein Herz von Wein bewegt war, sprach er seinen Nachbarn an: ‚Sag du, liebst du mich oder liebst du mich nicht?' Jener antwortete: ‚Ich liebe dich sehr.' Er aber sprach wieder: ‚Du sagst: ich liebe dich, und weißt doch nicht, was mir fehlt. Liebtest du mich in Wahrheit, du würdest es wissen.' Der andre vermochte kein Wort zu erwidern, und auch der Bauer, der gefragt hatte, schwieg wieder wie vorher. Ich aber verstand: das ist die Liebe zu den Menschen, ihr Bedürfen zu spüren und ihr Leid zu tragen."[38]
(Martin Buber)

Mit dem Tragen des eigenen Kreuzes sagt ein Mensch auch „ja" zu seiner Lebens- und Leidensgeschichte. Er klammert das Schmerzhafte nicht aus und übernimmt die Verantwortung für sein Leben. Er steht zu sich selbst, sowohl in den freudvollen als auch in den schmerzhaften Aspekten seines Lebens. Aus dieser Lebensbejahung heraus wächst in ihm eine Selbstliebe, die keine Anteile seiner Persönlichkeit ausschließt. Da der Mensch nur ein Herz hat, wird sich unmerklich in gleicher Weise auch die Liebe zu seinen Mitmenschen vertiefen. Seine Liebe wird sich darin ausdrücken, dass er seinen Mitmenschen in ihrem Leid und in ihren Schwächen mehr Offenheit, ein größeres Verständnis und mehr Einfühlungsvermögen entgegenbringen kann und sensibler für ihren Schmerz wird.

Im Umkehrschluss bedeutet es, dass sich die Liebe nicht entfalten kann und in ihrer Kraft blockiert bleibt, wenn man Schmerzhaftem ausweicht und unterdrückt, was das eigene Leben schwer macht. Jemand, der sein Leid verdrängt, wird sich auch schwertun mit leidenden Menschen und ihnen nach Möglichkeit ausweichen bzw. zumindest versuchen, ihr Leid zu übergehen. Menschen leiden zusätzlich, wenn sie in schmerzhaften Situationen erleben müssen, dass sie gerade von den Menschen, die sie lieben, in ihrem Schmerz allein gelassen werden. Dies ist nicht verwunderlich, denn „die Unglücklichen bedürfen keines anderen Dinges in dieser Welt als solcher Menschen, die fähig sind, ihnen ihre Aufmerksamkeit zuzuwenden" (Simone Weil).[38] Es ist nicht der starke und gute Wille, sondern die Liebe, die es möglich macht, Leid zu bemerken, es aufzunehmen und mitzutragen.

Diese Fähigkeit ist jedoch eng verwoben mit der Bereitschaft, dem Schmerzhaften im eigenen Leben zu begegnen. Man kann einen anderen Menschen nur in dem Maße in seinem Leid beistehen, wie man seinem eigenen Leid begegnet ist. Erst die Bereitschaft, Leidvolles aufzunehmen und zu tragen, lässt den Menschen in der Liebe wachsen, und zwar zu sich selbst, zu anderen Menschen und zu Gott.

IV. Was die kontemplative Lebensweise stärkt

Damit sich die ganze Kraft der Kontemplation entfalten kann, ist es wesentlich, seine Bemühungen während der Meditation in gleicher Weise in seinem Alltag fortzusetzen und die kontemplativen Haltungen dort ebenso zu leben. Würde man seine Bemühungen nur auf die Zeiten der Meditation beschränken, käme man einem Gärtner gleich, der sich einen schönen, blühenden Garten wünscht. Er beginnt mit großer Sorgfalt, die Blumensamen zu säen. Dann aber vergisst er seine Saat. Er tritt achtlos auf die Erde, wo die gute Saat gesät ist, und erschwert oder verhindert sogar ungewollt ihr Wachstum. Der Mensch als Gärtner seines Lebens darf also nicht vergessen, die gute Saat, die er in der Meditation sät, ebenso in seinem Alltag zu pflegen. Nachfolgende Hinweise zeigen auf, wodurch die gute Saat gestärkt wird, damit sie im Alltag Wurzeln fassen und sich segensreich auf das Leben auswirken kann.

Die Stille

Es liegt im Stillsein eine wunderbare Macht der Klärung, der Reinigung, der Sammlung auf das Wesentliche. (Dietrich Bonhoeffer)

Viele Menschen sehnen sich heute nach Stille. Sie ist nach Peter Handke ein vermisstes Menschenrecht unserer Tage. Dies ist nachvollziehbar, wenn man bedenkt, dass Lärm laut Umfragen als eine Hauptursache für die Beeinträchtigung der Lebensqualität angesehen wird. Der Zugang zur Stille öffnet sich jedoch nicht automatisch mit dem Verstummen der äußeren Geräuschkulissen. Auch wenn man z. B. bei sich zuhause für eine äußere Stille sorgt, indem man das Telefon und Handy abstellt und das Radio und den Fernseher ausschaltet, muss sich dadurch nicht automatisch auch die innere Stille einstellen. Wenn es still wird und Ablenkungen wegfallen, kann das Unbewusste eher zum Vorschein kommen und man spürt deutlicher, was in einem vorgeht. Die Stille wirkt wie ein Spiegel, in dem man klarer auf die inneren Vorgänge schauen kann, als wenn man immerzu mit irgendetwas beschäftigt ist.

Manche meinen, die Stille sei nichts für sie, wenn sie statt der erwarteten Ruhe eine Unruhe und ein Unbehagen spüren. Hier darf man sich aber nicht irritieren lassen. Es ist nicht ungewöhnlich, dass die heilsamen Wirkungen der Stille nicht sofort spürbar sind. Man kann nicht aus einer Betriebsamkeit und Hektik mit einem Satz in die Stille springen. Für die Erfahrung der inneren Stille braucht es, bildhaft gesprochen, einen Anfahrtsweg. Wenn man z.B. von einem Gipfel aus die schöne Aussicht genießen möchte, muss man erst die Anfahrt bewältigen, um zu dem Berg zu gelangen, den man besteigen möchte. Der Marsch auf der Teerstraße scheint zunächst überhaupt nichts mit einer schönen Aussicht zu tun zu haben. Und doch führt die Teerstraße mich zu meinem Ziel. Auf dem Anfahrtsweg zur Stille nehme ich eine hörende, lauschende Haltung ein. Es kann sein, dass ich in mir vieles wahrnehme, was der Stille widerspricht: Ich bemerke meine vielen Gedanken oder spüre eine Verunsicherung, eine Nervosität oder eine Traurigkeit, und vielleicht steigen innere Bilder und Erinnerungen auf. Auf meinem Weg zur Stille lasse ich all das gewähren, was sich in mir zeigt. Ich brauche es nicht zu beurteilen, sondern ich lausche darauf, was *noch* da ist. In dieser Weise führt mich die Stille in die Achtsamkeit. Mein Atem ist mir ein guter Begleiter auf diesem Weg und ich achte darauf, wie er kommt und geht. Ich darf mir die Zeit zugestehen, bis ich langsam mehr und mehr bei mir selbst ankomme. Die Stille ermöglicht es mir, mit mir selbst in Kontakt zu kommen und zu bleiben. Der hl. Antonius rät: „Geh in die Stille und die Stille wird dich alles lehren." Es geht in der Stille um ein beharrliches Bei-sich-selber-Bleiben in dem Maße, wie es mir möglich ist. In diesem Stillsein geschehen unmerklich Klärung, Reinigung und Sammlung auf das Wesentliche. Und selbst wenn man in der Stille der Einsamkeit begegnet, die man gern zu vermeiden versucht, so ist gerade sie „eine kostbare Hilfe, mit mir selbst Freundschaft zu schließen" (tibetisches Sprichwort). Diese Freundschaft ist es wert, den Anfahrtsweg zur Stille nicht zu scheuen. In kleinen Wegetappen kann ich mich bewusst immer wieder auf die Stille einlassen. So kann ich z.B. am Morgen auf das Radio und am Abend, vielleicht einmal in der Woche oder einmal im Monat, auf den Fernseher und andere Zerstreuungen verzichten. Ich suche bewusst ruhige Orte auf und lasse mich von der stillen Atmosphäre einer Kirche oder einer Kapelle ansprechen. Ich nehme mir die Zeit, in Stille einen Sonnenuntergang zu erleben, oder lausche auf die Stille, die da ist, auch wenn der Regen fällt.

Die Natur

Wenn ich zum Gebet der Ruhe
und zur Meditation gelangen wollte,
half es mir immer,
Felder, Wasser oder Blumen zu betrachten,
in ihnen fand ich eine Spur des Schöpfers.
(Teresa von Avila)

Die Natur ist eine große Lehrmeisterin auf unserem Weg zu Gott. In ihrer Schönheit und Vielfalt fällt es uns leicht, unsere Aufmerksamkeit auf sie zu richten. Sie lädt still und unaufdringlich zum einfachen Dasein ein und führt uns in die befreiende Erfahrung, dass wir nichts leisten, nichts erreichen und nichts verändern müssen. In der kontemplativen Haltung öffne ich mich für den Reichtum und für die Schönheit der Natur und gleichzeitig für mich selbst. Die Art und Weise, wie ich die Natur und mich selbst in der Natur wahrnehme, wird mich dabei unterstützen, bei mir selbst anzukommen, mich meinem Schöpfer zu nähern und seine Spuren zu entdecken. Ich möchte dies beispielhaft konkretisieren: Wenn ich nach draußen gehe und bewusst die Natur wahrnehme, kann es sein, dass mein Blick irgendwo hängen bleibt, z. B. bei einer kleinen Blume. Ich bleibe stehen und schaue bewusst die Blume an und lasse sie auf mich wirken. In einem zweiten, sehr wichtigen Schritt achte ich nun darauf, was die Blume in mir anspricht und wie sie auf mich wirkt. Dies ist die Wende nach innen; die Wende zu mir selbst. Es kann sein, dass ich eine zarte Freude spüre. Die Blume hat den Zugang zu dieser Freude, die in mir ist, freigelegt. Mit diesen Empfindungen, die ich bewusst in den Blick genommen habe, setze ich meinen Spaziergang fort. Den gleichen Umgang gilt es auch einzunehmen, wenn ich etwas wahrnehme, das eine Betroffenheit in mir auslöst: ein abgestorbener Baum, kahle Felder oder ein Insekt, das in einem Spinnennetz gefangen ist. Ich halte inne und spüre nach, wie das, was ich wahrnehme, auf mich wirkt, ohne es zu bewerten. Spüre ich keine konkrete Empfindung bzw. kann ich keine benennen, so macht dies nichts. Ein achtsames Innehalten und Nachspüren genügt und ich setze meinen Spaziergang fort, um wahrzunehmen, was *noch* da ist.

Es kann sein, dass ich nach draußen gehe und eine große Unruhe in mir ist. Es wäre nicht stimmig, jetzt stehen zu bleiben, um etwas bewusst wahrzunehmen. Ich gehe also zügig meinen Weg. Irgendwann halte ich jedoch für einen Augenblick inne und nehme bewusst meine Unruhe wahr. Hier folgt ebenso ein nächster Schritt: Ich führe nun meine Aufmerksamkeit bewusst nach außen. „Und was ist *noch* da? Was ist *noch* da, unabhängig von meinem augenblicklichen unangenehmen Gemütszustand?" Mit dieser Blickänderung öffne ich mich wieder für die Natur.

Den gleichen Umgang lebe ich mit den Gedanken, die in mir aufsteigen. Sobald sie mir bewusst sind, wende ich mich von ihnen ab und der konkreten Wahrnehmung der Natur zu. Indem ich mich in dieser Weise für die Natur öffne, wird sie mir helfen, aus einem Kreisen um mich selbst herauszutreten und aufzunehmen, was unabhängig von meinen Gedanken und Gefühlen *noch* da ist.

Bei meinem Spaziergang brauche ich nichts zu verändern. Die ganze Schöpfung ist ja bereits da. Ich bin da. Nichts verändern zu müssen, nichts machen zu müssen bedeutet jedoch nicht, passiv zu sein. Im Gegenteil, um die Natur wahrzunehmen, ist es wichtig, alle Sinne, die mir zur Verfügung stehen, zu nutzen: Mit den Augen sehen, mit den Ohren hören, den Wind auf der Haut spüren, den Duft der Blumen riechen, die raue Oberfläche einer Baumrinde ertasten, die Süße einer Frucht schmecken. Mit all diesen Sinneswahrnehmungen bleibe ich der Natur und der Gegenwart zugewandt und kann von ihrer Heilkraft berührt werden. Es ist eine große Unterstützung auf dem kontemplativen Weg, sich selbst immer wieder diese Zeiten in der Natur zu schenken und selbst als Beschenkte wieder heimzukehren.

Die Unterbrechung

Die Arbeit läuft nicht davon, wenn du einem Menschen den Regenbogen zeigst – aber der Regenbogen wartet nicht, bis du mit der Arbeit fertig bist.
(Chinesische Weisheit)

Das Sprichwort macht deutlich, dass es der Unterbrechung bedarf, um das Leben immer wieder neu zu empfangen. Unterbrechungen sind auf unserem Weg zu Gott so wesentlich, dass der Theologe Johann Baptist Metz die Unterbrechung sogar als kürzeste Definition von Religion bezeichnet hat. Unterbrechungen zeichnen ein Kirchenjahr aus. In der Advents- und Fastenzeit ist man eingeladen, den Alltag zu entschleunigen und zu unterbrechen, um sich auf Weihnachten und auf das Osterfest vorzubereiten und in dieser Weise empfänglich zu werden für ihre Geheimnisse. Jeder Sonntag unterbricht die Arbeitswoche, wenn er als Ruhetag erlebt wird. Das Unterbrechen und Innehalten schenkt Erholung, schafft Raum, um Neues aufzunehmen, und ermöglicht, sich bewusst immer wieder neu für die Gegenwart Gottes zu öffnen.

Das Unterbrechen und Innehalten ist natürlich nicht nur an das Kirchenjahr gebunden, sondern kann jederzeit spontan gelebt werden. Ich unterbreche z. B. meinen Alltag, indem ich kurz zum Himmel schaue, tief durchatme, Gott mitteile, was mich augenblicklich bewegt, ihn um Beistand bitte und mich dann wieder meinen Aufgaben zuwende. Diese Unterbrechungen zu leben nimmt keine Zeit. Aber es bedarf der Erinnerung, um sie zu leben, so dass sie mehr und mehr für mich zu einer Selbstverständlichkeit werden.

Da ein voller Alltag jedoch schnell die Verbindung zu Gott zudeckt, können mir hier kleine Gedächtnisstützen eine große Hilfe sein. Ich nehme dazu eine bestimmte Tätigkeit als Anlass, mich an Gott zu erinnern und kurzzeitig einen Routineablauf zu unterbrechen. Dies könnte der Fall sein, wenn ich den PC hochfahre, wenn ich die Türklinke drücke, um ein Zimmer zu betreten, oder bevor ich zu essen beginne. Das Kreuz, eine Ikone, ein Spruch, der mich berührt, können mich ebenso an diese Unterbrechungen erinnern. Unterbrechungen sind also nicht nur Zeiten, in denen ich eine Pause mache, sondern es sind im spirituellen Sinne Zeiten, in denen ich innehalte, mich bewusst für einen kurzen Moment spüre und mich zu Gott wende. Mit diesen Unterbrechungen richte ich mich neu auf Gott aus und wende mich wieder in achtsamer Weise dem Leben zu. Dies wird mich anders meinen Weg weitergehen lassen. Die Unterbrechungen wirken zunächst wie unscheinbare, kleine Perlen in meinem Alltag, doch am Ende eines Tages sind sie zu einer wertvollen Perlenkette geworden, die diesen Tag bereichert und schöner gemacht hat.

Die Unterbrechungen können natürlich auch einen längeren Zeitraum in Anspruch nehmen. Jede Meditationszeit ist eine Unterbrechung, in der ich bewusst aus meinen Beschäftigungen heraustrete. Ich kann diese Unterbrechung erweitern, indem ich monatlich einen sogenannten Wüstentag einlege. Ich trage ihn, so wie jeden anderen wichtigen Termin, in meinen Terminkalender ein. Es ist ein Tag, den ich bewusst freihalte, um mich zurückzuziehen, um mit mir und Gott allein zu sein. Ich suche bewusst die Stille auf, mache Spaziergänge, gönne mir einen Mittagsschlaf und nehme mir Zeiten für die Meditation. Ein Wüstentag hilft, zur eigenen Mitte zurückzufinden bzw. sie zu wahren und aus einer anderen Perspektive auf sein Leben zu schauen.

Eine besonders lange und intensive Zeit der Unterbrechung sind Exerzitien. In dieser Zeit des Schweigens lässt man für mehrere Tage bewusst seinen Alltag hinter sich. Man gibt Gott viel Zeit und Raum und öffnet sich seiner Gegenwart. Diese langen Zeiten der Stille tragen wesentlich dazu bei, in die kontemplativen Haltungen hineinzufinden und sie einzuüben, so dass sie im Alltag zum Tragen kommen können.

Würde man sich keine dieser Unterbrechungen zugestehen und beständig im Machen und im Tun bleiben, gliche man einem Zug, der seine Bestimmung verfehlt, weil er an allen Bahnhöfen vorbeifährt.

Feste Zeiten

„Es muss feste Bräuche geben." „Was ist ein Brauch?", fragte der kleine Prinz. „Auch etwas, das allzu sehr in Vergessenheit geraten ist", sagte der Fuchs. „Es ist das, was einen Tag von den anderen Tagen, eine Stunde von den anderen Stunden unterscheidet."
(Antoine de Saint-Exupéry, Der kleine Prinz)

Der Alltag vieler Menschen ist heute sehr ausgefüllt, so dass es kaum einen Freiraum darin gibt. Wenn man den meditativen Weg mit der Einstellung beginnt, dann zu meditieren, wenn es die Zeit erlaubt, wird man erfahren, dass in den meisten Fällen etwas dazwischenkommt: ein Anruf, die unbeantworteten Mails, die Bügelwäsche, ein guter Film oder die Müdigkeit. Es braucht einen klaren Entschluss für die Meditation, sonst ist es sehr wahrscheinlich, dass man in seinen Beschäftigungen und Zerstreuungen hängen bleibt, ohne es eigentlich wirklich zu wollen. Bei dem Entschluss geht es jedoch nicht darum zu überlegen, wie man es schaffen kann, die Meditationszeiten in seinem Alltag „unterzukriegen", so dass man am Ende alles erfolgreich unter einen Hut bekommen hat. Es geht zunächst darum, in den Blick zu nehmen, wo man Überflüssiges loslassen kann; Überflüssiges, das Zeit und Raum einnimmt und das man vielleicht nicht einmal vermissen würde. Für Michelangelo bedeutet Schönheit die Reinigung vom Überflüssigen. Für meine Beziehung zu Gott gilt es, mich für die Reinigung des Überflüssigen zu entscheiden, die den Zugang zu meiner Sehnsucht nach Gott freilegen kann und mich die Schönheit meines Alltags entdecken lässt. Dies wird mir bei der Herausforderung helfen, meine Zeit so zu gestalten und zu gewichten, dass die Meditation zu einem festen Bestandteil meines Alltags werden kann. Denn wie jede lebendige Beziehung braucht auch die Beziehung zu Gott Zeit, in der sie tatsächlich gelebt wird. Meditation ist also niemals etwas, was ich schaffen oder erledigen muss. Diese Anschauung widerspricht der Beziehung und deutet darauf hin, dass man mit der Meditation einen Leistungsanspruch verbindet.

Wie viel Zeit man der Meditation in seinem Alltag widmet, hängt von der jeweiligen Lebenssituation ab und wird entsprechend variieren: Täglich oder wöchentlich eine halbe oder ganze Stunde. Franz von Sales gibt folgenden

Ratschlag: „Du solltest täglich eine halbe Stunde auf Gott hören, und wenn du viel zu tun hast, dann nimm dir eine ganze Stunde Zeit." Hinter dieser Aussage, die einem ein Schmunzeln entlockt, steht die Lebenserfahrung, dass man die meiste Zeit damit verliert, dass man Zeit gewinnen will (John Steinbeck). Wie viele Fehler, die einem viel Zeit kosten, um sie wieder zu beheben, sind nur deshalb passiert, weil man sich beeilt hat, um Zeit zu sparen.

Es ist wesentlich, dass man sich selbst realistische Zeiten für die Meditation setzt, von denen man sagen kann, dass man sie gut im Alltag leben kann. Diese festen Zeiten geben dem Alltag eine äußere Ordnung, aus der sich das innere Leben entfalten kann.

Selbstfürsorge

Wo soll ich anfangen? Am besten bei Deinen zahlreichen Beschäftigungen, denn ihretwegen habe ich am meisten Mitleid mit Dir. Ich fürchte, dass Du, eingekeilt in Deine zahlreichen Beschäftigungen, keinen Ausweg mehr siehst und deshalb Deine Stirn verhärtest … Es ist klüger, Du entziehst Dich von Zeit zu Zeit Deinen Beschäftigungen, als dass sie Dich ziehen und Dich nach und nach an einen Punkt führen, an dem Du nicht landen willst. Du fragst, an welchen Punkt? An den Punkt, wo das Herz hart wird … Wie kannst Du voll und echt Mensch sein, wenn Du Dich selbst verloren hast? Damit Deine Menschlichkeit allumfassend und vollkommen sein kann, musst Du also nicht nur für die anderen, sondern auch für Dich selbst ein aufmerksames Herz haben … Ja, wer mit sich selbst schlecht umgeht, wem kann der gut sein? Denk also daran: Gönne Dich Dir selbst. Ich sag nicht: Tu das immer, ich sage nicht: Tu das oft, aber ich sage: Tu es immer wieder einmal.

Sei wie für alle andern auch für Dich selbst da, oder jedenfalls sei es nach allen andern.
(Bernhard von Clairvaux)

Wenn man den Brief von Bernhard von Clairvaux an Papst Eugen III. liest, kann man kaum glauben, dass er bereits vor über 800 Jahren geschrieben worden ist. Von seiner Aktualität hat er nichts eingebüßt, und seine Aussagen treffen den Menschen von heute mehr denn je. Um meine Beziehung zu Gott lebendig zu erhalten, ist es wichtig, dass ich in Kontakt mit mir selbst bin. Dies wird in der Regel als eine Selbstverständlichkeit vorausgesetzt. Obwohl es sich so einfach anhört, in Kontakt mit sich selbst zu sein, ist dies zur großen Herausforderung in unserer Zeit geworden. Hohe Arbeitsbelastung, Zeitnot und Termindruck bewirken zunehmend, dass man nicht mehr auf sich selbst achtet, die eigenen Bedürfnisse aus dem Blick verliert und die Grenzen der eigenen Kräfte überschreitet. Der Anstieg von Burnout in unserer Gesellschaft ist erschreckend hoch. Er lässt die Notwendigkeit erkennen, nicht nur für die Arbeit oder für die anderen ein aufmerksames Herz zu haben, sondern auch für sich selbst. Damit das Herz aber aufmerksam bleiben kann und nicht verhärtet, ist es wichtig, verantwortungsvoll für sich zu sorgen. Mit der Selbstfürsorge übernimmt man die Verantwortung für sein eigenes Leben. Man kann sie an niemanden delegieren. Im Wesentlichen drückt sich die Selbstfürsorge dadurch aus, dass ich mir selbst gegenüber achtsam bin. Dies bedeutet z.B., dass ich auf meine körperlichen Bedürfnisse achte. Teresa von Avila gab hierzu folgenden Rat: „Behandle deinen Körper so, dass deine Seele gerne darin wohnt." Sie wird gerne darin wohnen, wenn man ihm ausreichend Schlaf, genügend Bewegung und eine gesunde Ernährung zukommen lässt. Um diese Grundbedürfnisse tatsächlich zu achten, bedarf es zahlreicher kleiner und großer Entscheidungen, die Einfluss auf meinen Lebensstil nehmen. Der spirituelle Weg ermutigt zu einem achtsamen Umgang mit den eigenen Bedürfnissen, Gefühlen und Kräften. Dies ermöglicht es, in einer gewissen Balance zwischen den unterschiedlichen Lebensbereichen zu leben: der Arbeit, der Freizeit, der Familie und Freunde, der Gesundheit und der Verbundenheit zu Gott.

Die Selbstfürsorge schließt mit ein, zu seinen eigenen Grenzen zu stehen und in Verantwortung für sein Leben zu wagen, auch „nein" zu sagen. Um dies zu erlernen, ist unter Umständen Unterstützung von außen nötig. In der Selbstfürsorge gestehe ich mir Hilfe zu und suche sie bewusst auf. Man muss nicht bereits alles können und braucht nicht alles allein zu schaffen. Dies trifft auch auf meinen Weg zu Gott zu: Ich muss ihn nicht alleine gehen, darf nach Unterstützung und Begleitung suchen, um vor allem auch bei schwierigen Wegetappen die Orientierung nicht zu verlieren.

Die Gemeinschaft

Denen, die das innerliche Gebet üben, besonders den Anfängern, möchte ich den Rat geben, die Freundschaft und den Umgang mit anderen zu suchen, die sich ebenso in der Meditation üben.
(Teresa von Avila)

Es ist eine wertvolle Erfahrung zu erleben, dass man auf seinem inneren Weg nicht alleine ist. Das Erleben von Gemeinschaft stärkt den eigenen Weg und unterstützt darin, auch in schwierigen Zeiten dabeizubleiben. Das gemeinsame Schweigen und Meditieren sowie ein gemeinsamer Austausch werden als Kraftquelle erlebt. Die Gegenwart Christi ist in besonderer Weise in Gemeinschaft erfahrbar. Jesus versichert: „Wo zwei oder drei in meinem Namen versammelt sind, da bin ich mitten unter ihnen" (Mt 18,20). In der gemeinsamen Ausrichtung auf Gott kann man von diesem Geheimnis berührt werden. Die Anwesenheit der einzelnen Gruppenmitglieder wird als stärkend und die gemeinsame Präsenz als stützend erfahren. Man kommt z.B. müde und mit vielen Gedanken nach einem langen Arbeitstag zu einem Meditationsabend und erfährt unmerklich eine Wandlung: Man wird ruhig und ein friedvolles, dankbares Dasein stellt sich ein. Es kann aber auch sein, dass die Zerstreuung während der gemeinsamen Meditationszeit bleibt. Trotzdem spürt man auch hier eine Kraft, die es ermöglicht, mit seinen Schwierigkeiten dabeizubleiben und am Ende trotzdem froh über diese Zeit zu sein.

In vielen Gemeinden gibt es inzwischen Meditationsgruppen, die sich selbst organisieren und sich wöchentlich oder einmal monatlich zur gemeinsamen Meditation treffen. Unter www.kontemplation-in-aktion.de sind Gruppen aus ganz Deutschland zusammengefasst. Es ist zu empfehlen, nach einer solchen Gruppe in seinem Umkreis Ausschau zu halten oder selbst den Impuls zur Gründung einer Meditationsgruppe zu geben.

Schlussbemerkung

Möchte man wissen, ob man durch seine Bemühungen auf dem kontemplativen Weg Gott tatsächlich nähergekommen ist, gibt es ein untrügliches Kriterium: die Dankbarkeit. Man weiß, dass man sich das Wesentliche in seinem Leben nicht selbst geben, sondern es nur empfangen kann. Einem dankbaren Menschen ist bewusst, dass nichts selbstverständlich ist. Er fühlt sich beschenkt und ist auch bereit zu lernen, ja zu sagen zu dem, was er in seinem Leben nicht erhalten hat oder was ihm wieder genommen wurde.

Der Weg zu Gott kann in gewisser Weise mit einer Reise auf offener See verglichen werden. Von einer Sehnsucht bewegt, beginnt er die Reise nach innen, von der Dag Hammarskjöld sagt, sie sei die längste. Auf dieser Reise erfährt er, wie einzigartig und wie zerbrechlich, wie beglückend und wie traurig das Leben sein kann. Er bemüht sich, zu allen Zeiten die Orientierung zu bewahren und in Verbindung zu Gott zu bleiben. Doch scheint der Horizont Tag für Tag gleich weit entfernt. Es kann der Eindruck entstehen, trotz all seiner Bemühungen nur wenig vorangekommen zu sein. Wenn er jedoch, über Jahre zurückblickend, für alles, was Gott ihm gegeben oder nicht gegeben hat, dankbar sein kann, ist das Boot des Lebens auf dem richtigen Kurs.[39]

Anmerkungen

1 Vgl. Franz Jalics, Kontemplative Exerzitien, 74
2 Martin Buber, Das dialogische Prinzip, 16
3 Vgl. Franz Jalics, Kontemplative Exerzitien, 35–38
4 Franz Jalics, Kontemplative Exerzitien, 37
5 Auf Deutsch ist die Philokalie in zwei Ausgaben erhältlich: Gregor Hohmann, Philokalie der heiligen Väter der Nüchternheit. 5 Bde. Würzburg 2007 (vollständige Ausgabe) und Manfred Baumotte, Kleine Philokalie. Betrachtungen der Mönchsväter über das Herzensgebet. Zürich/Düsseldorf 1997 (Auswahlübersetzung)
6 Emmanuel Jungclaussen, Aufrichtige Erzählungen eines russischen Pilgers
7 Franz Jalics, Kontemplative Exerzitien
8 Martin Heidegger, Der Feldweg, 4
9 Vgl. Franz Jalics, Kontemplative Exerzitien, 106–108
10 Willi Massa (Hg.), Kontemplative Meditation. Die Wolke des Nichtwissens, 39
11 Vgl. Franz Jalics, Kontemplative Exerzitien, 191
12 Vgl. Franz Jalics, Kontemplative Exerzitien, 227–229
13 Vgl. Franz Jalics, Kontemplative Exerzitien, 268–269
14 Rainer Maria Rilke, Die Gedichte, 731
15 Jon Kabat-Zinn, Gesund durch Meditation, 43
16 Vgl. Franz Jalics, Kontemplative Exerzitien, 258–268
17 Peter Dyckhoff, Finde den Weg, Geistliche Wegweisung nach Miguel de Molinos, 62
18 Martin Buber, Das dialogische Prinzip, 15
19 Martin Buber, Die Erzählungen der Chassidim, 784-785
20 Peter Dyckhoff, Finde den Weg, Geistliche Wegweisung nach Miguel de Molinos, 14
21 Heinrich Spaemann, zitiert bei Köster. Zur Freiheit befähigen, 17
22 Vgl. Franz Jalics, Kontemplative Exerzitien, 61–70
23 Franz Jalics, Kontemplative Exerzitien, 62
24 Dorothee Mann, Du bist mein Atem, wenn ich zu dir bete, 116
25 Anthony de Mello, Warum der Vogel singt, 55
26 Vgl. Franz Jalics, Kontemplative Exerzitien, 295–305
27 Hilde Domin, Bitte. Aus: dies., Gesammelte Gedichte, © S. Fischer Verlag GmbH, Frankfurt am Main 1987, 117
28 Thomas Keating, Das Gebet der Sammlung, 28
29 Vgl. Franz Jalics, Kontemplative Exerzitien, 217–227
30 Loccumer Brevier, Verstehen durch Stille, 236

31 Hanna Wolff, Jesus als Psychotherapeut, 58
32 Vgl. Paul Watzlawick, Anleitung zum Unglücklichsein, 52
33 Vgl. Franz Jalics, Kontemplative Exerzitien, 185–188
34 Diese Zeilen stammen aus einem Brief von Rainer Maria Rilke „an einen jungen Dichter“ (Franz Xaver Kappus), in dem sie eingestreut sind. Wer die hier vorliegende Fassung formuliert hat, ist unbekannt. Zum Brief: www.rilke.de/briefe/230403.htm
35 Etty Hillesum, Das denkende Herz, 54
36 Aus: Charles Péguy, Das Mysterium der Hoffnung (Auszug)
37 Henri Nouwen, Du bist der geliebte Mensch, 26–27
38 Martin Buber, Die Erzählungen der Chassidim, 533
39 Simone Weil, Zeugnis für das Gute, 58
40 Vgl. Eugene James Cuskelly, Spiritualität heute, 125–126

Literaturverzeichnis

Manfred Baumotte: Kleine Philokalie. Betrachtungen der Mönchsväter über das Herzensgebet. Zürich/Düsseldorf 1997 (Auswahlübersetzung)

Martin Buber: Das Dialogische Prinzip, Gerlingen: Bleicher Verlag 1997 (8. Auflage)

Martin Buber: Die Erzählungen der Chassidim, Zürich: Manesse Verlag 1996 (12. Auflage)

Eugene James Cuskelly: Spiritualität heute, Würzburg: Echter Verlag 1968

Hilde Domin: Gesammelte Gedichte, Frankfurt am Main: Fischer Verlag 1987 (10. Auflage 2004)

Peter Dyckhoff: Finde den Weg. Geistliche Wegweisung nach Miguel de Molinos, München: Don Bosco Verlag 1999

Martin Heidegger: Der Feldweg. Frankfurt am Main: Vittorio Klostermann Verlag 2006 (11. Auflage)

Etty Hillesum: Das denkende Herz. Reinbek bei Hamburg: Rowohlt Verlag 1985 (17. Auflage)

Gregor Hohmann: Philokalie der heiligen Väter der Nüchternheit. 5 Bde. Würzburg: Der christliche Osten 2007 (vollständige Ausgabe)

Franz Jalics: Kontemplative Exerzitien. Eine Einführung in die kontemplative Lebenshaltung und in das Jesusgebet, Würzburg: Echter Verlag 1994

Emmanuel Jungclaussen (Hrsg.): Aufrichtige Erzählungen eines russischen Pilgers, Freiburg im Breisgau: Herder Verlag 1974 (14. Auflage)

Jon Kabat-Zinn: Gesund durch Meditation. München: Knaur Verlag 2011

Thomas Keating: Das Gebet der Sammlung. Schriften zur Kontemplation, Münsterschwarzach: Vier-Türme-Verlag 1998 (5. Auflage)

Peter Köster: Zur Freiheit befähigen. Kleiner Kommentar zu den Großen Exerzitien des hl. Ignatius, Leipzig: Benno-Verlag 2000

Loccumer Brevier. Verstehen durch Stille, Hannover: Lutherisches Verlagshaus 2001 (5. Auflage)

Dorothee Mann: Du bist mein Atem, wenn ich zu dir bete. Elemente einer christlichen Theologie des Gebets, Würzburg: Echter Verlag 1998

Willi Massa (Hrsg.): Kontemplative Meditation. Die Wolke des Nichtwissens, Mainz: Matthias-Grünewald-Verlag 1974

Anthony de Mello: Warum der Vogel singt. Weisheitsgeschichten, Freiburg/Basel/Wien: Herder Verlag 1984 (7. Auflage)

Henri Nouwen: Du bist der geliebte Mensch. Freiburg im Breisgau: Verlag Herder GmbH 1993 (2. Auflage)

Charles Péguy: Das Mysterium der Hoffnung, Wien: Herold Druck und Verlagsgesellschaft 1952

Rainer Maria Rilke: Die Gedichte, Frankfurt am Main und Leipzig: Insel Verlag 2006

Paul Watzlawick: Anleitung zum Unglücklichsein, München: Piper Verlag 1983 (28. Auflage)

Hanna Wolff: Jesus als Psychotherapeut. Jesu Menschenbehandlung als Modell moderner Psychotherapie, Stuttgart: Radius Verlag 1979 (2. Auflage)